中国教育法治发展报告

2021—2022

中国教育科学研究院教育法治与教育标准研究所　著

外语教学与研究出版社

北京

图书在版编目 (CIP) 数据

中国教育法治发展报告. 2021—2022 / 中国教育科学研究院教育法治与教育标准研究所著. —— 北京：外语教学与研究出版社，2024. 12. —— ISBN 978-7-5213-5990-9

I. D922.164

中国国家版本馆 CIP 数据核字第 2024TE1444 号

中国教育法治发展报告 2021—2022

ZHONGGUO JIAOYU FAZHI FAZHAN BAOGAO 2021—2022

出 版 人　王　芳
项目策划　张薇薇　潘瑞芳
责任编辑　史思梦
责任校对　刘　迪
装帧设计　彩奇风
出版发行　外语教学与研究出版社
社　　址　北京市西三环北路 19 号 (100089)
网　　址　https://www.fltrp.com
印　　刷　北京九州迅驰传媒文化有限公司
开　　本　787×1092　1/16
印　　张　13
字　　数　209 千字
版　　次　2024 年 12 月第 1 版
印　　次　2024 年 12 月第 1 次印刷
书　　号　ISBN 978-7-5213-5990-9
定　　价　78.00 元

如有图书采购需求，图书内容或印刷装订等问题，侵权、盗版书籍等线索，请拨打以下电话或关注官方服务号：
客服电话：400 898 7008
官方服务号：微信搜索并关注公众号"外研社官方服务号"
外研社购书网址：https://fltrp.tmall.com

物料号：359900001

目 录

上 篇

实 践 篇

第一章
2021—2022 年中国教育法治新进展

一、教育立法

（一）国家教育立法

1. 持续推动重点领域教育立法

一是完成《中华人民共和国教育法》修订。2021 年 4 月，第十三届全国人大常委会第二十八次会议审议通过了《关于修改〈中华人民共和国教育法〉的决定》，将"劳"写入教育方针，并进一步丰富了教育的指导思想、原则和内容。二是完成《中华人民共和国职业教育法》修订。2022 年 4 月，十三届全国人大常委会第三十四次会议表决通过新修订的职业教育法，完成《中华人民共和国职业教育法》自 1996 年颁布施行以来的首次修订和全面修订。三是加快推动《中华人民共和国学前教育法》《中华人民共和国学位法》《中华人民共和国教师法》和《中华人民共和国国家通用语言文字法》立法进程。2022 年，上述法律草案提请审议。在教育部 2022 年工作要点中还提出，推动终身学习法的立法研究。四是研究启动教育法典编纂工作。全国人大常委会 2021 年度立法工作计划提出，研究启动环境法典、教育法典、行政基本法典等条件成熟的行政立法领域的法典编纂工作。2022 年，教育部在年度工作要点中提出，研究启动教育法典编纂工作，推动教育法典化立法研究。

2. 积极推进教育行政法规修订

2021 年 5 月,国务院公布修订后的《中华人民共和国民办教育促进法实施条例》,并于 2021 年 9 月 1 日颁布实施。《条例》修订工作历时 5 年,有效增加制度供给,满足民办教育改革发展过程中对法律制度的迫切需求。在内容篇幅上,修订前的条例约 6,300 字,修订后的条例将近 10,600 字,增加了约 70%。在具体条款上,现行条例的 54 条中,对 30 条进行了修改,删除了 9 条,只有 15 条未做或者基本未做改动。同时,新增了 23 个条款。在内容上,就办学方向、举办者变更、师生权利保障、关联交易等重要问题予以修订明确。

3. 丰富完善教育规章制度体系

一是有序推动教育规章修改制定。2021 年,教育部制定出台《未成年人学校保护规定》,系统构建未成年人学校保护的制度体系;制定出台《普通话水平测试管理规定》,促进国家通用语言文字的推广普及和应用;制定出台《中小学法治副校长聘任与管理办法》,健全法治副校长的管理体制、拓展职责任务、完善聘任机制、强化条件保障。2022 年,制定完成《信息技术产品国家通用语言文字使用管理规定》。《高等学校信息公开办法》《校外培训行政处罚暂行办法》《学校教职工代表大会规定》等均已形成征求意见稿,正加快修订(制定)出台。二是持续开展教育规章清理工作。2021—2022 年共废止 1 项教育规章,截至 2022 年底有效规章共 49 部。

(二)地方教育立法

2021—2022 年,我国省市人大发布地方性法规共计 32 部(见表 1—1)。其中,2021 年发布省级教育法规 11 部,市级教育法规 12 部,共计 23 部;2022 年发布省级教育法规 7 部,市级教育法规 2 部,共计 9 部。(见图 1—1)

表 1—1 2021—2022 年我国新增地方性教育法规汇总

序号	所属省级行政区	法规名称	通过/批准日期
1	安徽省	《安徽省实施〈中华人民共和国职业教育法〉办法》	2022.12.15
2	安徽省	《安徽省学校安全条例》	2022.11.18
3	福建省	《福建省禁止中小学幼儿园学生携带手机进入课堂的规定》	2022.07.28
4	甘肃省	《银川市学生校外就餐休息场所卫生管理条例》	2021.09.24
5	广东省	《深圳经济特区学前教育条例》	2022.06.23
6	广东省	《广州市学校安全管理条例》	2021.12.14
7	广东省	《广州市幼儿园条例》	2021.03.18
8	广西壮族自治区	《广西壮族自治区法治宣传教育条例》	2021.09.28
9	贵州省	《黔西南布依族苗族自治州教育条例》	2021.03.31
10	贵州省	《贵阳市保护中学小学教育用地规定》	2021.05.27
11	河南省	《郑州市实施〈中华人民共和国家庭教育促进法〉办法》	2022.07.01
12	河南省	《安阳市中小学校幼儿园规划建设条例》	2021.11.06
13	河南省	《河南省教育督导条例》	2021.11.27
14	河南省	《驻马店市中小学校幼儿园规划建设条例》	2021.04.29
15	黑龙江省	《哈尔滨市校车安全管理条例》	2021.12.28
16	黑龙江省	《哈尔滨市中小学校用地保护条例》	2021.06.24
17	湖北省	《湖北省家庭教育促进条例》	2021.01.22
18	湖南省	《湖南省中小学校幼儿园规划建设条例》	2021.09.29
19	湖南省	《湖南省实施〈中华人民共和国教师法〉办法》	2021.03.31
20	湖南省	《湖南省家庭教育促进条例》	2021.01.19
21	吉林省	《长春市学前教育条例》	2021.05.27
22	江苏省	《江苏省教育督导条例》	2022.01.14
23	内蒙古自治区	《内蒙古自治区家庭教育促进条例》	2022.12.27
24	内蒙古自治区	《呼和浩特市城市中小学幼儿园规划建设条例》	2021.11.16

序号	所属省级行政区	法规名称	通过/批准日期
25	内蒙古自治区	《内蒙古自治区实施〈中华人民共和国国家通用语言文字法〉办法》（修订）	2021.09.29
26	宁夏回族自治区	《宁夏回族自治区环境教育条例》	2021.03.26
27	青海省	《大通回族土族自治县义务教育条例》	2021.03.05
28	山东省	《山东省老年教育条例》	2021.09.30
29	山西省	《山西省教育督导条例》	2022.07.22
30	山西省	《山西省实施〈中华人民共和国国家通用语言文字法〉办法》（修正）	2021.07.29
31	上海市	《上海市学前教育与托育服务条例》	2022.11.23
32	浙江省	《浙江省实施〈中华人民共和国教师法〉办法》	2021.03.26

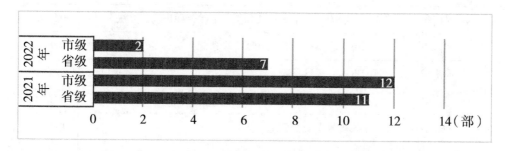

图 1—1　2021—2022 年地方性教育法规年度总量

1.19 个省、自治区、直辖市出台地方性教育法规

从法规数量的省域分布看，2021—2022 年共有 19 个省、自治区、直辖市出台地方性教育法规。其中河南省（4 部）、广东省（3 部）、湖南省（3 部）、内蒙古自治区（3 部），其他省、自治区、直辖市为 2 部或 1 部，总体上数量差别不大。（见图 1—2）

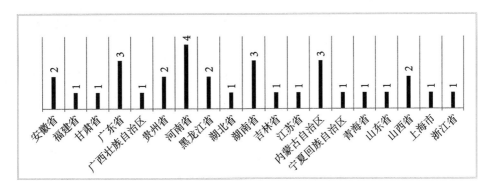

图 1—2　2021—2022 年地方性教育法规省域分布

2.修订（正）配套类的地方性教育法规占比较高

从法规内容与国家教育法律法规、已有地方性教育法规关系看，可以将地方教育法规分为修订（正）配套类和创新探索类两大类。修订（正）配套类主要是根据国家教育法律法规、已有地方性教育法规进行修订（正）或配套。此类法规共有 19 部，如《安徽省实施〈中华人民共和国职业教育法〉办法》、《郑州市实施〈中华人民共和国家庭教育促进法〉办法》、《湖南省实施〈中华人民共和国教师法〉办法》（修正）、青海省《大通回族土族自治县义务教育条例》（修订）等。创新探索类主要是各省、自治区、直辖市结合本地实际情况制定的新的教育法规。该类法规没有对应的上位法与已有地方性法规，属于地方创新探索的教育法规。此类法规共有 13 部，如《安徽省学校安全条例》《广西壮族自治区法治宣传教育条例》《长春市学前教育条例》《山东省老年教育条例》等。

3.地方性教育法规涉及领域比较丰富

从法规内容上看，地方性教育法规涉及领域比较丰富。按照数量多少，依次排序为学校建设规划（6 部）、学前教育（4 部）、家庭教育（4 部）、学校教育（4 部）、教育督导（3 部）、学校安全（3 部）、义务教育（2 部）、校园管理（2 部）、教师（2 部）、职业教育（1 部）、老年教育（1 部）。（见图 1—3）

地方性教育法规呈现出关注重点领域和新兴领域的两大特征。学校建设规划、学前教育、教育督导、学校安全、义务教育等领域均为教育特别是地方教育的焦点问题，是社会关切、群众关心的重点领域。专门针对手机等问题制定校园管理法规，开创了网络时代手机管理的地方性教育法规的先例；制定的老年教育条例，充分体现了新时代终身教育理念；多地出台学前教育条例，为国家制定学前教育法奠定了实践基础。这些都是地方性教育法规在回应新问题而予以积极探索的成果体现。

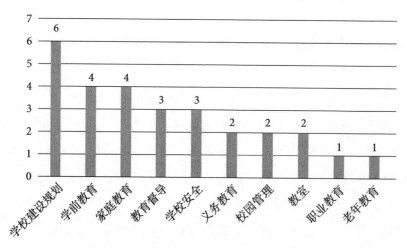

图1—3　2021—2022年全国地方性教育法规内容分布

二、依法行政

（一）教育部持续推进法治政府建设

1. 深化依法行政工作机制

教育部落实落细行政规范性文件合法性审核机制，严把审核范围、严守法律规范，做好"法治体检"。完成教育部权责清单编制工作。健全宏观政策取向一致性评估机制，印发并推动落实《教育部办公厅关于开展政策文件与宏观政策取向一致性评估的通知》，对教育部出台的涉及宏观经济稳定、市场预期稳定特别是"六稳""六保"工作等政策内容的政策文件进行评估。推进事业单位章程建设，推动教育部直属事业单位按照章程进行管理。

2. 健全重点领域执法制度

教育部会同中央编办、司法部印发《关于加强教育行政执法 深入推进校外培训综合治理的意见》，理顺工作机制，提升执法效能，努力建成权责明晰、管理规范、运转顺畅、保障有力、监管到位的校外培训行政执法体系。印发校外培训监管行政处罚流程图和文书格式范本，明确执法环节、文书格式，不断规范执法行为。举办全国校外培训执法培训班，面向省、市、县校外培训执法人员开展专题培训，切实提升地方校外培训执法能力和水平。保护学生家长权益，推动各地以退费、兑课、法律途径等方式解决4万余名学生家长校外培训"退费难"问题。

3. 推动微观权力清理规范

教育部组织开展新一轮"三评一竞赛"全面清理规范工作，按照围绕中心、坚守初心、回归本心要求，坚决取消各种无实质意义的项目。大幅压减各单位实施的评审和竞赛项目并完善管理制度，健全长效机制。以"三评一竞赛"清理作为小切口，推动转变教育治理方式、提升教育治理水平。

4. 激发学校办学活力

教育部推动落实《关于扩大高校和科研院所科研相关自主权的若干意见》，持续优化相关科研项目管理流程，减少不必要的申报材料和各类过程性评估、检查、抽查等。深化巩固"五位一体"本科教学质量评估制度，统筹高校评估认证工作，对重复交叉内容进行简化，强化原始证据，减少材料数量，持续给高校松绑减负。支持高校依法自主设置专业。加强对各地的调研指导，推动各地全面落实好《关于进一步激发中小学办学活力的若干意见》，促进全面激发中小学办学活力，加快推进基础教育高质量发展。

（二）地方政府不断提升法治意识与法治能力

1. 加强行政规范性文件管理

各地普遍加强了行政规范性文件的管理工作。北京市进一步优化完善审核程序，坚持应审尽审，完成市教委系统内文件合法性审核、公平竞争审查40项、规范性文件备案10项；推进文审工作信息化建设，将合法性审核、公平竞争审查、性别平等评估纳入市教委公文办理OA系统，全面清理现存市级教育行政规范性文件313件，建设规范性文件库；完成30余项法规文件意见征询反馈工作，保证系统内外法规文件协同推进依法治教。河北省制定行政规范性文件合法性审核和备案工作实施办法，严格按规定开展规范性文件合法性审核，2022年共审核通过新制定规范性文件5件，清理已制定规范性文件3次，经清理，宣布失效14件、废止17件、拟修改7件、保留159件。

2. 持续深化依法决策

各地教育依法决策机制进一步健全。上海市出台《上海市教育委员会重大行政决策程序实施办法》。江苏省出台《江苏省进一步加强和改进普通高校艺术类专业考试招生工作实施方案》等重大行政决策事项文件，严格执行公众参与、专家论证、风险评估等程序要求。江苏省认真做好规范民办义务教育发展、考试招生等重大行政决策和规范性文件合法性审查工作，先后出具合法性审查意见36件；严格落实重大行政决策风险评估工作要求，开展社会风险评估7次。安徽省制定《重大行政决策事项目录清单（2022版）》《重大决策事项合法合规性审查工作规程》《公平竞争审查工作规程》《公职律师工作规则》等，加强规范性文件政治审查、法律审查、政策协同审核、公平竞争审查。

3. 稳步推进教育系统权责清单建设

各地在推进权责清单建设方面有各自的举措和特色。江西省编制出台《江西省大中小学和幼儿园小微权力清单》《江西省大中小学和幼儿园办学（园）行为负面清单》；根据法律法规调整情况，对《江西省教育系统统一行政权力清单》进行动态调整，实现了全省教育系统行政权力"一张清单"。北京市完成营商环境建设5.0版重点任务和试点改革任务共计10项，形成义务教育入学、外籍人员子女学校申办2个全国典型经验案例；全面实行行政许可清单制管理，对照国家清单，明确市区两级教委14项教育行政许可事项；清理规范证明事项，在原有3项证明事项的基础上再取消2项，仅保留1项。上海市编制公布覆盖市、区、街镇三级的《上海市教育系统行政许可事项清单》（共16项），完善全市统筹、分级负责、事项统一、权责清晰的行政许可事项清单体系。河北省依法履行部门职能，编制部门权责清单，确定7类共66项权力事项，逐项明确责任事项、追责情形，提高部门行政效率和公信力；优化政务服务，加快推进省级事项"就近办"和"省内通办"。辽宁省实现了同一事项名称、编码、依据、类型等信息要素省市县三级统一，形成了现行有效的权责清单、政务服务事项清单及办事指南。

4. 持续优化教育政务服务

江西省对专科学校和成人高校教师资格认定等9个行政许可事项实施"四减一优化"（减环节、减材料、减时限、减收费、优化审批机制）；推动高校教师资格认定等16个政务服务事项进驻省政务服务中心；在"赣服通"开通"高考成绩查询"等20余项功能，接入"智慧作业""江教智考"，开通"教育缴费"板块，实现高校、中小学、幼儿园学生在线缴费。湖南省巩固"三集中三到位"改革成果，持续推进教育政务服务标准化、规范化、便利化，打造好湖南省"中小学入学一件事一次办"等政务服务品牌。

5. 深入推进简政放权

各地加大简政放权，进一步简化审批备案程序，下放审批事项。上海市教委深入高校和区教育局开展教育领域简政放权调研，形成《教育系统干部教师对进一步为教学科研工作放权松绑的期盼和建议》，推进重点区域的精准放权赋能。福建省制发《自由贸易试验区实施自考助学的民办学校备案管理实施方案》及配套文件，进一步简化备案程序；主动向省会城市和经济特区下放"公办中等职业学校设立、变更、终止"的审批事项，助推重点领域改革发展。湖北省教育厅持续推进"四减"专项工作，大幅压减部分省级教育公共服务事项的办理时限；深化减证便民工作，取消省级教育行政许可中的 4 个证明事项，改为告知承诺制；深化"高效办成一件事"改革，会同省民政厅、省市场监管局等部门，推进"开办非学历文化教育培训机构（民办）"一事联办改革，进一步优化办事流程。

6. 进一步规范行政执法

各地普遍开展了行政执法清单编制工作。北京市全面推行教育系统"双随机一公开"执法检查，全系统年执法检查总量超 2 万件，组织开展寒假"双减"集中执法检查，完成考核任务；依法办理师生申诉、复议、诉讼等各类教育行政案件 65 件。天津市下发《关于做好 2022 年度教育系统"双随机、一公开"监管工作的通知》；更新了《教育系统随机抽查事项清单》，制定了"双随机、一公开"年度抽查计划。河北省全面推行行政执法"三项制度"，制定了规范执法的 1 个总体方案、6 个配套办法、4 张事项清单、3 类办事指南、4 类工作流程图和 76 种执法文书，建立起一整套较为完善的制度规范和标准程序。上海市上线使用统一综合执法系统，研制轻微违法行为依法不予处罚清单工作。江苏省积极推进"大综合一体化"行政执法改革，新增 15 项执法事项纳入综合执法目录，实现 51% 的教育执法事项纳入综合执法范围；会同九部门联合制发《关于加强校外培训监管行政执法工作的实施意见》，持续深化校外培训治理。组织开展民办中小学跨部门"双随机、一公开"联合监管，多措并举提高教育部门执法证持有率。

三、依法治校

学校是推进依法治教的重要阵地，依法治校是落实全面依法治国的重要组成部分和推进全面依法治教在学校治理中的具体体现。在习近平法治思想和习近平总书记关于教育重要论述的指导下，2021 年至 2022 年，全面推进依法治校取得了重大进展，提升了依法办学和依法管理的意识和能力，为构建现代学校制度、提升学校依法治理的能力提供了法治引领，为形成政府依法行政、学校依法办学、教师依法执教和社会依法评价、支持、监督教育的新格局发挥了重要作用，为维护学校、教师、学生各方合法权益，全面提高人才培养质量提供了坚实保障。

（一）推进中小学校领导体制改革

2022 年 1 月，中共中央办公厅印发《关于建立中小学校党组织领导的校长负责制的意见（试行）》（以下简称《意见》），强调坚持和加强党对中小学校的全面领导，要在深入总结试点工作基础上，健全发挥中小学校党组织领导作用的体制机制，确保党组织的领导职责得以履行，确保党的教育方针和党中央决策部署在中小学校得以落实。各地教育行政部门和中小学校贯彻落实《意见》要求，采取多项举措，积极推进党组织领导的校长负责制落地见效。第一，各地教育行政部门都按照《意见》要求统筹部署，制定实施方案，出台配套文件或示范文本，形成"1+X"政策体系，分批推进体制改革，如北京的"1+5"、梧州的"1+6"、南京的"1+2"。其中"1"是三地按照《意见》要求制定的本地实施方案，如《北京市关于建立中小学校党组织领导的校长负责制的实施方案（试行）》；"X"是三地细化《意见》要求制定的一系列配套文件或示范文本，如《梧州市中小学校党组织书记和校长职责示范文本（试行）》。第二，各地试点中小学校按照"一地一案""一校一案"原则，结合本地本校实际，选拔党性观念强、专业素质强的党员干部担任分校（校区）、学校内设机构、年级组、学科组等教育教学单位的基层党组织书记或党务工作者，构建学校三级党组织体系。第三，各地试点学校都按照要求，修订完善学校章程，逐渐建立决策、执行、沟通、公开、监督等校内规章制度。目前，全国大多数中小学校开展了改革实践，整体平稳有序，将制度优势转化为学校治理效能，推动基础教育在党的全面领导下实现高质量发展。

（二）推进各类学校依法治校指标体系建设

为全面推进依法治教、依法办学、依法治校，推动各级各类学校提升依法治校、依法办学的能力，提升教育治理体系和治理能力现代化水平，教育部根据有关法律法规，结合实践要求，研究制定涉及大中小学法治建设的两个指标文件，指导大中小学深入推进依法治校，积极创建依法治校示范校。2021 年 3 月 29 日，教育部办公厅印发《高等学校法治工作测评指标》。2022 年 4 月 13 日，教育部办公厅印发《全国依法治校示范校创建指南（中小学）》，包括学校严格依法依规招生，招生规则公平、公正，招生行为规范、透明，不设置任何歧视性条件，自觉接受监督；教师在教育教学和管理中，尊重和保护学生人身权利和人格尊严、个人隐私；建立学生欺凌防控工作机制，成立学生欺凌治理委员会，定期开展防欺凌教育、欺凌调查，能够客观认定、及时有效处置学生欺凌事件等内容。高等学校和中小学校分别按照两个文件规定，积极开展依法治校示范校创建工作，聚焦实际问题，运用法治思维和法治方式破解难题、推进改革，形成生动活泼、规范有序的学校育人环境和健全德智体美劳全面培养的教育体系。教育行政部门深化"放管服"改革，转变管理方式，为学校依法治校创造条件、提供支持，保障学校依法自主办学，整体提升学校依法治理水平。

（三）推进中小学法治副校长聘用规范化管理

为完善中小学治理体系，健全学生权益保护机制，进一步规范中小学法治副校长聘任与管理，形成保障未成年人健康成长的协同机制，按照中央政法委要求，经商最高人民法院、最高人民检察院、公安部与司法部同意，2021 年 12 月 27 日，教育部第 52 号文制定并颁布《中小学法治副校长聘任与管理办法》

（以下简称《办法》），明确规定学校兼任法治副校长由人民法院、人民检察院、公安机关、司法行政部门推荐或者委派，经教育行政部门或者学校聘任，在学校协助开展法治教育、学生保护、安全管理、预防犯罪、依法治理等工作。各地教育部门、人民法院、人民检察院、公安机关、司法行政部门贯彻落实《办法》要求，大力开展学习宣传活动，确保各相关部门、各中小学校准确理解《办法》精神、准确把握工作要求；积极探索建立学校法治副校长工作联席会议制度，加强日常联系沟通，统筹推进法治副校长的聘任与管理工作；健全遴选机制，推荐政治素质好、业务能力强、热心教育事业的人员担任法治副校长，为其开展工作创造条件。教育部门要积极会同有关部门加强聘任管理，制定实施培训方案和规划，创新培训方式，丰富培训内容，提升培训效果。中小学校按照《办法》规定积极为法治副校长履职提供便利条件，建立有效的沟通联络机制和日常工作协调机制，及时与法治副校长沟通，积极支持、配合其开展工作，推动提升学校治理能力，强化学校安全保障，提高学校育人水平。

（四）推进"公参民"学校体制机制完善

2021年7月8日，教育部会同中央编办、国家发展改革委、民政部、财政部、人力资源社会保障部、自然资源部、住房和城乡建设部等部门印发《关于规范公办学校举办或者参与举办民办义务教育学校的通知》，就规范公办学校举办或者参与举办民办义务教育学校进行部署，规定了"公参民"学校转为公办学校的四种情形：一是公办学校单独举办或者公办学校与其他公有主体合作举办的"公参民"学校，应转为公办学校；二是公办学校与其他社会组织、个人合作举办的"公参民"学校，经协商一致且条件成熟的，可以转为公办学校；三是既有居住社区配套建设的"公参民"学校，在条件允许的情况下转为公办学校，也可通过政府购买服务方式提供学位、继续办学；四是公办学校与其他社会组织、个人合作举办的"公参民"学校，不符合"六独立"要求（即独立法人资格、校园校舍及设备、专任教师队伍、财会核算、招生、毕业证发放）且难以整改到位的，可视情况转为公办学校或终止办学。规范工作着眼高质量教育体系建设，突出义务教育的公益性、公平性和人民性，理顺"公参民"学校体制机制，着力建立公办教育、民办教育各安其位、相互促进的教育格局。

（五）加强学校教育教学管理专项规范

为确保"双减"落地见效、促进学生身心健康发展，教育部办公厅分别印发了关于加强中小学生作业、考试、睡眠、手机、读物、体质、网络等管理系列文件，明确具体管理政策和落实要求。一是加强作业管理。2021年4月8日，教育部办公厅印发《关于加强义务教育学校作业管理的通知》，要求全面提高教育教学质量，坚决扭转一些学校作业数量过多、质量不高、功能异化等突出问题。学校要确保小学一、二年级不布置书面家庭作业，可在校内安排适当巩固练习；小学其他年级每天书面作业完成时间平均不超过60分钟；初中每天书面作业完成时间平均不超过90分钟。二是加强考试管理。2021年8月30日，教育部办公厅印发《关于加强义务教育学校考试管理的通知》，要求大幅压减考试次数，小学一、二年级不进行纸笔考试，规范考试命题管理，合理运用考试结果，完善学习过程评价，加强学业质量监测，完善管理监督机制，切实降低学生考试压力，促进学生全面发展健康成长。三是加强睡眠管理。2021年3月30日，教育部办公厅印发《关于进一步加强中小学生睡眠管理工作的通知》，明确学生睡眠时间要求，小学生每天睡眠时间应达到10小时，初中生应达到9小时，高中生应达到8小时，要求统筹安排学校作息时间。四是加强手机管理。2021年1月15日，教育部办公厅印发《关于加强中小学生手机管理工作的通知》，要求中小学生原则上不得将个人手机带入校园，将手机管理纳入学校日常管理。五是加强读物管理。2021年3月31日，教育部办公厅印发《中小学生课外读物进校园管理办法》，要求拓展阅读活动，规范课外读物进校园管理，防止问题读物进入校园（含幼儿园），充分发挥课外读物育人功能。六是加强体质管理。2021年4月19日，教育部办公厅印发《关于进一步加强中小学生体质健康管理工作的通知》，要求开齐开足体育与健康课程，保障学生每天在校内、校外各1小时体育活动时间，完善体质健康管理评价考核体系，做好体质健康监测。教育部和国家卫生健康委联合印发《中小学生健康体检管理办法（2021年版）》，规范健康体检管理，中小学校每年组织在校学生健康体检1次。七是加强网络管理。2021 年 10 月 20 日，教育部、中宣部等六单位办公厅联合印发《关于进一步加强预防中小学生沉迷网络游戏管理工作的通知》，要求学校严格校内教育管理，做好中小学生手机管理和校内互联网上网服务设施保护工作。要加强网络素养宣传教育，广泛开展各类文体活动，引导中小学生正确认识、科学对待、合理使用网络，自觉远离不良网络诱惑。要推动家校协同发力，督促家长履行好监护责任，发挥好榜样作用，帮助孩子养成健康生活方式。

四、法治教育

法治教育是全面推进依法治教、依法治国，全面建设社会主义现代化国家的重要举措。党的十八大以来，习近平总书记高度重视青少年法治教育，明确提出"普法工作要紧跟时代，在针对性和实效性上下功夫，落实'谁执法谁普法'普法责任制，特别是要加强青少年法治教育"[①]。教育系统牢记习近平总书记嘱托，深入学习宣传贯彻习近平法治思想，积极开拓思路、丰富内容、创新形式，推动青少年宪法法治教育不断走深走实。[②]2021 年以来，教育部研制和颁发《全国教育系统开展法治宣传教育的第八个五年规划（2021—2025 年）》（以下简称"'八五'普法规划"），在创新青少年法治教育内容和形式、推进青少年法治教育实践基地和法治资源教室建设、推进教育部全国青少年普法网迭代升级、推进教师网络法治教育培训等方面做出了诸多积极探索。

---

① 习近平. 坚定不移走中国特色社会主义法治道路 为全面建设社会主义现代化国家提供有力法治保障 [J]. 求是，2021（5）.

② 怀进鹏. 深入学习贯彻党的二十大精神 全面加强青少年宪法法治教育 [EB/OL].（2023-03-03）[2023-09-08]. https://qspfw.moe.gov.cn/html/hotnews/20230303/20307.html.

（一）创新青少年法治教育内容和形式

1. 始终用党的创新理论铸魂育人

2021 年以来，教育系统组织编制了《习近平新时代中国特色社会主义思想进课程教材指南》，编写大中小学《习近平新时代中国特色社会主义思想学生读本》（已于 2021 年秋季学期在全国统一使用），把习近平法治思想作为指南和读本的重要内容，将"习近平法治思想概论"纳入法学专业必修课，铸牢学生成长成才的法治思想基础。修订颁布 2022 年版义务教育课程方案、道德与法治等相关课程标准，体现习近平法治思想的重要内容和要求。注重以良法善治传导正确的价值导向，推动宪法法治教育与历史、国情和行为养成教育有机融合，引导学生厚植爱党、爱国、爱社会主义的情感。[①]

2. 持续开展全国学生"学宪法 讲宪法"系列活动

自 2016 年起教育部组织开展全国学生"学宪法 讲宪法"系列活动，通过教育部全国青少年普法网（以下简称"普法网"）线上学习、"宪法卫士"行动计划、主题演讲、知识竞赛等多种形式，不断增强活动的参与性、互动性和趣味性，引导青少年学生自觉成为宪法的忠实崇尚者、自觉遵守者、坚定捍卫者，取得了显著成效。

2021 年 6 月，第六届全国学生"学宪法 讲宪法"活动在全国展开，活动内容包括组织开展以宪法为核心的法治宣传教育、举办"学宪法 讲宪法"比赛、开展国家宪法日"宪法晨读"活动、组织开展"我与宪法"微视频征集活动。截至 2021 年 12 月 31 日，全国学生通过普法网在线学习人次达 82 亿，通过学习练习、综合评价产生的"宪法卫士"达 1.51 亿名，[②]创下历年新高。

[①] 怀进鹏 . 深入学习贯彻党的二十大精神 全面加强青少年宪法法治教育 [EB/OL].（2023-03-03）[2023-09-08]. https://qspfw.moe.gov.cn/html/hotnews/20230303/20307.html.

[②] 教育部全国青少年普法网 . 关于关闭 2021 年"宪法卫士"行动计划参与通道的通知 [EB/OL].（2021-12-16） [2023-08-28]. https://qspfw.moe.gov.cn/html/notice/20211216/19001.html.

2022年5月开展的第七届全国学生"学宪法 讲宪法"系列活动结合纪念现行宪法公布施行四十周年等主题内容,深入学习宣传习近平法治思想,用社会主义核心价值观铸魂育人,在第六届基础上,组织开展了学讲宪法"网络风采展示"活动。截至2022年12月14日,全国学生通过普法网"宪法卫士"专栏在线学习人次达76亿,通过学习、练习、综合评价产生的"宪法卫士"达1.61亿名。①

3. 持续办好国家宪法日"宪法晨读"活动

自2014年以来,教育部每年在国家宪法日前后,组织各地大中小学生开展"宪法晨读"活动,并已形成良好传统,成为教育系统学习宣传宪法的特色做法与靓丽品牌。

2021年12月3日,为迎接第八个国家宪法日,深入学习贯彻习近平法治思想,进一步普及宪法知识、弘扬宪法精神、树立宪法权威,教育部在北京举办教育系统"宪法晨读"活动。教育部党组成员、副部长宋德民出席活动并讲话。活动在全国31个省(区、市)和新疆生产建设兵团设分会场,近30万所学校的8000多万名师生通过网络连接主会场同步参与。

(二)推进青少年法治教育实践基地和法治资源教室建设

1. 大力推进青少年法治教育实践基地建设,鼓励有条件的县(区)建设青少年法治资源教室

"八五"普法规划实施以来,教育部大力推进青少年法治教育实践基地建设,通过政策支持、政府投入、社会参与等多种方式,设立了一批布局合理、功能完备、运作规范的青少年法治教育实践基地,鼓励有条件的县(区)建设青少年法治资源教室。"八五"普法规划还将"深入开展法治实践教育,将青

---

① 教育部全国青少年普法网.关于关闭2022年"宪法卫士"行动计划参与通道的通知[EB/OL].(2022-12-13)[2023-08-28]. https://qspfw.moe.gov.cn/html/notice/20221213/20073.html.

少年法治教育实践基地（法治资源教室）纳入社会综合实践活动场所范围"作为 2021—2025 年的主要任务，提出"试点开展网络法治实践教育。地方教育部门要将法治实践教育作为中小学综合实践活动的重要内容，将青少年法治教育实践基地纳入社会实践大课堂活动场所范围，努力推动学生每年接受法治实践教育不少于 2 课时"。

2. 部分地区积极探索建立特色教育基地，促进基地"开放式"功能转化

为提升青少年法治教育成效，部分地区结合地方实际探索建立特色教育基地。如全国首个由省人民检察院推动建设并向全社会开放的省级青少年法治宣传教育基地——四川省青少年法治宣传教育基地于 2021 年 5 月在四川省人民检察院揭牌，该教育基地由四川省人民检察院、教育厅、司法厅共建，以沉浸式、体验式为特色，融入未成年人保护法、预防未成年人犯罪法等内容，设置室内展示区、户外拓展区、直播课堂、法治大讲堂等，为广大青少年提供知识性、实践性、趣味性的法治学习教育渠道。截至 2022 年 3 月 5 日，四川省检察机关已建成 96 个青少年法治宣传教育实践基地，共有 45 万余名师生和家长走进基地接受法治教育。[1]青岛市充分发挥青少年法治教育联盟单位作用，探索特色化建设模式，大力推进青少年法治教育实践基地建设，累计成立社会课堂 13 所、专业实践基地 4 所，覆盖未成年人保护、预防未成年人犯罪、海洋法治教育、税法教育等领域。[2]

（三）推进教育部全国青少年普法网迭代升级

教育部于 2012 年启动建设面向青少年学生的专业化、公益性普法网络平台——教育部全国青少年普法网，并于 2013 年正式上线。累计开发 5,120 分钟

---

① 曹颖频，杨艳丽."玩转"检察院！特色教育基地提升青少年法治教育成效 [EB/OL].（2022-12-07）
　[2023-07-22]. https://baijiahao.baidu.com/s?id=1718482893010309038&wfr=spider&for=pc.
② 青岛市教育局. 青岛市积极探索青少年法治教育新路径. 中华人民共和国教育部政府门户网站 [EB/OL].
　（2022-10-17）[2023-09-08]. http://www.moe.gov.cn/jyb_xwfb/s6192/s222/moe_1769/202210/
　t20221017_670042.html.

的培训课程、121集微视频和若干多媒体课件，为中小学师生学习法治知识提供多方位支持和帮助。① 十年来，普法网已覆盖全国20多万所各级各类学校，2021年服务学生1.5亿人，访问量达到83亿人次，成为网络普法的重要平台，有力推动了青少年宪法法治教育不断向纵深发展。

2022年，教育部政策法规司工作要点中明确提出"推进教育部全国青少年普法网迭代升级，深化'互联网+'法治教育，进一步创新青少年法治教育的内容和形式，丰富数字化法治教育教学资源"。2022年7月22日上午，由教育部政策法规司与北京外国语大学共同召开的全国青少年法治教育中心工作推进会上，与会同志提出，要加快推进普法网迭代升级，由法治教育宣传平台向学习平台、资源平台、服务平台和保障平台转型。②

（四）推进教师网络法治教育培训

1. 启动中小学教师网络法治教育培训项目

教育部持续实施"中小学法治教育名师培育工程"，把法治内容纳入中小学幼儿园教师"国培计划"，不断提升法治课教师的专业教学能力和全体教师的法治素养。2021年11月印发的"八五"普法规划中明确要求"5年内对所有道德与法治课教师进行一次轮训"。2022年8月，由教育部政策法规司与教师工作司统筹指导，依托普法网与全国青少年法治教育中心组织实施的"国培计划（2022）"——中小学教师网络法治教育培训项目正式启动。培训时间为2022年8月26日至2023年5月31日，学员登录普法网"国培计划专栏"参加线上课程学习，完成48个学时的培训及相应课程测试（每门课程得分60以上），并根据要求提交研修总结。培训课程包括录播课程45学时、直播课程3学时，主要通过线上研修方式进行。统计显示，全国各地3000余名中小学法

① 怀进鹏.深入学习贯彻党的二十大精神 全面加强青少年宪法法治教育 [EB/OL].（2023-03-03）[2023-09-08]. https://qspfw.moe.gov.cn/html/hotnews/20230303/20307.html.
② 北京外国语大学全国青少年法治教育中心.全国青少年法治教育中心工作推进会顺利召开 [EB/OL].（2022-07-25）[2023-09-08]. https://qsfz.bfsu.edu.cn/info/1071/1472.htm.

治课教学一线教师积极响应，形成了良好的学习交流氛围。

2.部分地区开发专门网络课程，推动教师法治教育常态化、制度化

为推进教师网络法治教育培训，黑龙江省开发了专门网络课程，对全省中小学法治课教师进行线上培训，同时研发面向全省近 30 万名中小学教师培训考核的线上平台，开发宪法法治培训课程 28 个，支持全省 29 万余名中小学教师在线学习，累计在线学习达 608 万余人次。同时，将法治教育列为全省教师培训体系的重要内容，确立宪法学习为省级培训必修内容，把法治教育培训作为教师任职前培训必修课程，进一步推动教师法治教育常态化、制度化。举办多期省级依法治校示范校负责人专题培训，培训校长 1000 余名。通过线上线下相结合的方式，不断引导提升教师队伍的法治知识素养和法治教育能力。[①]

---

① 黑龙江省教育厅.黑龙江省积极推进青少年法治教育工作.中华人民共和国教育部政府门户网站 [EB/OL].（2023-01-09）[2023-07-12]. http://www.moe.gov.cn/jyb_xwfb/s6192/s222/moe_1739/202301/t20230109_1038658.html.

第二章
中国教育法治重大政策立法

一、教育法修订

（一）修订背景

　　教育是民族振兴、社会进步的重要基石，是功在当代、利在千秋的德政工程，对提高人民综合素质、促进人的全面发展、增强中华民族创新创造活力、实现中华民族伟大复兴具有决定性意义。党中央、国务院高度重视教育工作。习近平总书记指出，教育是国之大计、党之大计。教育事关国家发展、事关民族未来，具有基础性、先导性、全局性地位和作用，教育兴则国家兴，教育强则国家强。要全面贯彻党的教育方针，坚持立德树人根本任务，坚持社会主义办学方向，培养德智体美劳全面发展的社会主义建设者和接班人。

　　《中华人民共和国教育法》是根据宪法制定的教育领域的基本法，对发展教育事业、提高全民族素质、促进社会主义物质文明和精神文明建设具有重要意义。我国现行《中华人民共和国教育法》于1995年公布施行，先后于2009年、2015年进行过两次修正。2018年3月，第十三届全国人民代表大会第一次会议通过宪法修正案，将习近平新时代中国特色社会主义思想载入宪法，实现了国家指导思想的与时俱进。同年9月，全国教育大会召开，习近平总书记作了重要讲话，对新时代教育工作进行了全面系统深入的阐述和部署，明确把劳动教育纳入社会主义建设者和接班人的要求之中，提出"德智体美劳"的总体要求，实现了教育方针的与时俱进。为深入贯彻落实习近平总书记关于教育的重要指示和全国教育大会精神，及时将党的教育主张转化为国家意志，有必要对教育法的相应条款进行修订。

2019 年 9 月，教育部向国务院报送了《中华人民共和国教育法修正案（草案）（送审稿）》（以下简称送审稿）。收到此文件后，司法部书面征求了中央和国家有关部门、地方人民政府的意见。此后，根据习近平总书记重要指示精神，中央教育工作领导小组秘书组就完善党的教育方针问题作了进一步研究，提出了规范表述。教育部根据中央领导同志指示批示精神和部门意见协调情况对送审稿作了修改，于 2019 年 12 月重新报送司法部。司法部再次征求了有关部门意见，会同教育部研究形成了《中华人民共和国教育法（修正草案）》（以下简称草案）。"冒名顶替上大学"事件曝光后，司法部又会同教育部对草案作了进一步修改完善。2020 年 11 月 11 日，国务院第 113 次常务会议讨论并原则通过了草案。2021 年 4 月 29 日，第十三届全国人民代表大会常务委员会第二十八次会议审议通过《关于修改〈中华人民共和国教育法〉的决定》，自 2021 年 4 月 30 日施行。

（二）重大意义

1. 有助于健全教育领域法律法规制度体系，推进教育事业和教育工作法治化

教育法是教育领域的基本法，在教育领域法律法规制度体系中具有统领地位和作用，是全面依法治教的法律基础。此次教育法修订，是贯彻落实党的十九大精神、全国教育大会精神的重要举措，是教育基本法律制度的进一步完善，[1] 对于健全教育领域法律法规制度体系、推进教育事业和教育工作法治化具有重要意义。[2]

---

[1] 教育部. 充分认识教育法修订重大意义 切实做好贯彻实施——教育部办公厅印发《关于学习宣传贯彻实施新修订的教育法的通知》. 中华人民共和国教育部政府门户网站 [EB/OL].（2021-05-25）[2023-07-18]. http://www.moe.gov.cn/jyb_xwfb/gzdt_gzdt/s5987/202105/t20210525_533514.html.

[2] 刘杰. 全国人大常委会法工委有关负责人就教育法修改答记者问. 中国农网 [EB/OL].（2021-04-30）[2023-07-16]. https://www.farmer.com.cn/2021/04/30/99869481.html.

2. 有助于构建德智体美劳全面培养的教育体系，推动教育事业高质量发展

教育法是根据宪法制定的教育领域的基本法律。本次修改落实习近平总书记关于教育的重要指示和全国教育大会精神，全面贯彻党的教育方针，坚持立德树人根本任务，坚持社会主义办学方向，[①] 对构建德智体美劳全面培养的教育体系、推动教育高质量发展意义重大。[②]

（三）主要内容

《中华人民共和国教育法（2021 年修正）》（以下简称"2021 年教育法修正案"）主要依据 2018 年宪法修正案的规定和全国教育大会精神，对教育法中涉及教育指导思想、地位、方针、内容的四个条款作出相应修改，着眼解决冒名顶替上大学问题，并完善相关法律责任。

1. 进一步明确党的领导，丰富教育指导思想

随着马克思主义中国化的不断推进，邓小平理论、"三个代表"重要思想、科学发展观、习近平新时代中国特色社会主义思想先后于 1999 年、2004 年、2018 年被确立为宪法指导思想。为保持与国家根本法的一致性，2021 年教育法修正案进一步明确党的领导，将第三条中的"建设有中国特色社会主义理论"修改为"邓小平理论、'三个代表'重要思想、科学发展观、习近平新时代中国特色社会主义思想"，丰富了教育指导思想，鲜明体现了教育的政治属性和意识形态要求。

---

① 刘杰. 全国人大常委会法工委有关负责人就教育法修改答记者问. 中国农网 [EB/OL]. （2021-04-30）[2023-07-16]. https://www.farmer.com.cn/2021/04/30/99869481.html.

② 教育部. 充分认识教育法修订重大意义 切实做好贯彻实施——教育部办公厅印发《关于学习宣传贯彻实施新修订的教育法的通知》. 中华人民共和国教育部政府门户网站 [EB/OL]. （2021-05-25）[2023-07-18]. http://www.moe.gov.cn/jyb_xwfb/gzdt_gzdt/s5987/202105/t20210525_533514.html.

2. 强调教育作用，着力凸显教育国之大计、党之大计地位

根据全国教育大会关于教育的定位，2021 年教育法修正案强调教育作用，在第四条第一款中增加教育"对提高人民综合素质、促进人的全面发展、增强中华民族创新创造活力、实现中华民族伟大复兴具有决定性意义"的表述，凸显了教育国之大计、党之大计地位。

3. 进一步完善教育方针，充实教育"培养什么人"的内容

根据全国教育大会关于把劳动教育纳入社会主义建设者和接班人的要求之中的精神，2021 年教育法修正案进一步完善教育方针，将第五条中的"培养德、智、体、美等方面全面发展的社会主义建设者和接班人"修改为"培养德智体美劳全面发展的社会主义建设者和接班人"，充实了教育"培养什么人"的内容。

4. 丰富教育内容，强化教育对继承和弘扬中国特色社会主义文化的重要作用

根据全国教育大会关于把中华优秀传统文化教育作为固本铸魂的基础工程的精神，2021 年教育法修正案对教育内容进行了充实，将第七条中的"中华民族优秀的历史文化传统"修改为"中华优秀传统文化、革命文化、社会主义先进文化"，强化了教育对继承和弘扬中国特色社会主义文化的重要作用。

5. 完善冒名顶替入学行为的法律责任，回应社会关切

2021 年教育法修正案回应社会关切，进一步明确冒名顶替入学相关行为的法律责任，将第七十七条中的"在招收学生工作中徇私舞弊的"修改为"在招收学生工作中滥用职权、玩忽职守、徇私舞弊的"，并增加规定"盗用、冒用他人身份，顶替他人取得的入学资格"和"与他人串通，允许他人冒用本人身份，顶替本人取得的入学资格的"行为的法律责任，对于维护教育公平有重要意义。同时，修正案还针对"被替考者"的受教育权保护作出了相关规定，即"入学

资格被顶替权利受到侵害的，可以请求恢复其入学资格"。

（四）落实展望

2021 年 5 月 18 日，教育部办公厅印发《关于学习宣传贯彻实施新修订的教育法的通知》①，从健全党对教育事业全面领导的体制机制、全面贯彻落实党的教育方针、依法推进教育改革发展、着力维护教育公平公正四个方面对新修订教育法的贯彻实施工作作出明确要求。

1. 健全党对教育事业全面领导的体制机制

加强党对教育工作的全面领导，是办好教育的根本保证。为确保 2021 年教育法修正案的贯彻落实，需要进一步健全、完善党的领导的组织体系、制度体系、工作机制，形成党的领导"纵到底、横到边、全覆盖"的工作格局。

2. 全面贯彻落实党的教育方针

一方面，要以切实提高各级各类学校劳动教育的水平和质量为切入点，努力构建德智体美劳全面培养的教育体系，完善学科体系、教学体系、教材体系和管理体系，推动中华优秀传统文化、革命文化、社会主义先进文化进教材进课堂进头脑，把立德树人融入思想道德教育、文化知识教育、社会实践教育各环节，贯穿基础教育、职业教育、高等教育各领域全过程；另一方面，要按照 2021 年教育法修正案第五条"教育必须为社会主义现代化建设服务、为人民服务，必须与生产劳动和社会实践相结合，培养德智体美劳全面发展的社会主义建设者和接班人"，规范对党的教育方针的表述，使党的教育方针成为广大教育工作者耳熟能详、自觉运用的日常规范。

---

① 教育部办公厅. 教育部办公厅关于学习宣传贯彻实施新修订的教育法的通知. 中华人民共和国教育部政府门户网站 [EB/OL].（2021-05-25）[2023-07-18]. http://www.moe.gov.cn/srcsite/A02/s5913/s5933/202105/t20210525_533447.html.

3. 依法推进教育改革发展

首先，要将 2021 年教育法修正案对教育在中华民族伟大复兴历史进程中战略地位的最新定位，自觉转化为保障教育优先发展的体制机制和制度规范，落实到教育事业发展规划和各项教育法律、行政法规、部门规章和规范性文件中；其次，要着力提升教育服务经济社会发展的能力，加快推进教育现代化、建设教育强国、办好人民满意的教育；最后，要进一步提高运用法治思维和法治方式推动教育改革发展的思想自觉和行动自觉，大力推进依法治教、依法行政、依法办学。

4. 着力维护教育公平公正

教育公平是社会公平的重要基础。2021 年教育法修正案落实过程中，要坚持把促进公平作为基本教育政策，全面把握 2021 年教育法修正案对冒名顶替行为违法情形、处罚办法的规定，坚决依法打击冒名顶替入学行为，依法完善考试招生的制度规范，加大对违法违规行为的查处力度，切实维护考试招生秩序和教育公平正义。

二、职业教育法修订

（一）出台背景

党的十八大以来，中国特色社会主义进入新时代，我国社会主要矛盾已经发生根本性变化，教育结构、教育规模也都发生了重大变化，党领导全国人民开启全面建设社会主义现代化国家新征程。社会经济的发展对教育提出了新要求，国家对多部教育法律进行了修订和完善。虽然从 2008 年开始启动《中华人民共和国职业教育法》修订程序，但由于各种原因一直未能适时修改，从职业教育改革发展现实情形和旧法存在的严重滞后及不适应性情况看，迫切需要对职业教育法进行修订。党的十九大以后，党中央召开全国职业教育大会，习近平总书记就职业教育作出重要指示，2019 年国务院出台《国家职业教育改革实施方案》，吹响了新时代职业教育改革发展的号角，具有承前启后的历史作用。在新时代职业教育改革创新的背景下，教育部于 2019 年 12 月颁布了《中华人民共和国职业教育法（修订草案）征求意见稿》，面向社会公开征求意见；2021 年 6 月 7 日，第十三届全国人大常委会第二十九次会议首次对《中华人民共和国职业教育法（修订草案）》进行审议；同年 10 月 12 日，中共中央办公厅、国务院办公厅印发《关于推动现代职业教育高质量发展的意见》，推动职业教育高质量发展和提质培优行动不断深化；同年 12 月 20 日，第十三届全国人大常委会第三十二次会议对《中华人民共和国职业教育法（修订草案二次审议稿）》进行了审议；2022 年 4 月 20 日，第十三届全国人大常委会第三十四次会议对《中华人民共和国职业教育法（修订草案三次审议稿）》进行了审议，并正式表决通过，新修订的《中华人民共和国职业教育法》于 2022 年 5 月 1 日起施行，这是《中华人民共和国职业教育法》颁布 26 年以来的首次修订。

（二）重大意义

1. 新法确立了现代职业教育体系建设的法治框架

新法对现代职业教育体系建设作出了规范，这些规范、规定，标志着现代职业教育体系建设进入法治化阶段，也意味职业教育"类型"定位的法律稳固。一是明确了职业教育是与普通教育具有同等重要地位的教育类型，有利于破除"重普轻职"的传统观念。二是界定了职业教育的概念，规定职业学校学生在升学、就业、职业发展等方面与同层次普通学校学生享有平等机会。三是强调国家统筹推进职业教育与普通教育协调发展，通过推进普职融通顶层设计，真正实现职业教育从"层次"到"类型"的转变，为构建现代职业教育体系提供了法理依据。

2. 新法凝聚了职业教育改革发展的实践经验

新法充分融入了习近平总书记关于职业教育的重要指示精神和党中央、国务院关于职业教育改革发展的政策举措，对标国务院颁布的《国家职业教育改革实施方案》，将其中的可以制度化、法定化的规定和政策转化为法律规定。如实施方案提出了职业教育是与普通教育不同类型、同等重要的教育这一重要论断，为修订提供了重要原则。中央办公厅、国务院办公厅发布的《关于推动现代职业教育高质量发展的意见》也为修订提供了重要依据。同时，新法聚焦职业教育领域热点难点问题，结合多年来职业教育改革发展实际，将实践成果上升为法律规范，如中高职贯通培养、产教融合的新方式、订单培养、活页教材等。

3. 新法回应了社会和群众的重要关切

新法回应了社会和群众密切关心的问题，提高了职业教育认可度和吸引力，有效打通职业教育学生的上升通道。除了设立本科层次职业学校，新法还为两个方面的探索预留了空间，一是在普通高等学校设置本科职业教育专业，二是在专科层次的职业学校设置本科职业教育专业。这些都充分表明，职业学校的学生不仅可以读大专，还可以上本科，从法律层面畅通了职业学校学生的发展通道。再如营造公平环境，破除就业"门槛"。新法明确提出用人单位不得设置妨碍职业学校毕业生平等就业、公平竞争的报考、录取、聘用条件。

4. 新法破解了职业教育高质量发展的瓶颈障碍

新法破解了阻碍职业教育高质量发展的痛点和难点问题。一是剖解了产教融合的发展瓶颈，明确了诸多相关举措，如国家发挥企业的重要办学主体作用，推动企业深度参与职业教育，鼓励企业举办高质量职业教育；企业开展职业教育的情况应当纳入企业社会责任报告；对深度参与产教融合、校企合作的企业实行奖励、税收优惠等激励政策，极大调动企业参与职业教育的积极性。二是提出了建立健全职业教育制度体系，以及职业教育统筹管理、学分银行、产教融合型企业等新制度。三是在职业学校的举办、办学、课程教材、评价、教师聘任、学生权利保护等方面，根据职业教育特点提出了一系列新体制。

（三）主要内容

新修订的《中华人民共和国职业教育法》共8章69条，8章分别是总则（共13条）、职业教育体系（共6条）、职业教育的实施（共13条）、职业学校和职业培训机构（共11条）、职业教育的教师与受教育者（共10条）、职业教育的保障（共9条）、法律责任（共5条）、附则（共2条）。主要内容如下。

1. 理顺职业教育的管理体制机制

一是明确职业教育的办学方针。职业教育必须坚持中国共产党的领导，坚持社会主义办学方向，贯彻国家教育大政方针，坚持立德树人、德技并修，坚持产教融合、校企合作，坚持面向市场、促进就业，坚持面向实践、强化能力，坚持面向人人、因材施教。二是明确职业教育的地位与定位。职业教育是与普通教育具有同等重要地位的教育类型；实施职业教育活动必须坚持产教融合、校企合作，增强职业教育的适应性和吸引力。三是完善职业教育的管理体制机制。职业教育实行政府统筹、分级管理、部门配合、行业指导、校企合作、社会参与的管理体制；县级以上地方人民政府应当建立职业教育工作协调机制；突出了部门间的沟通配合，各有关部门按照职责分工共同推进职业教育工作。四是推动职业教育均衡发展。扶持革命老区、民族地区、边远地区、欠发达地区职业教育的发展，保障妇女平等接受职业教育，开展残疾人职业教育等各种形式的职业教育；支持举办面向农村的职业教育。

2. 健全职业教育体系

一是加强职业教育与普通教育的融通。统筹推进义务教育阶段后职业教育与普通教育协调发展；促进职业教育与普通教育的学习成果融通、互认；鼓励和支持普通中小学、普通高等学校根据实际需要增加职业教育相关教学内容，进行职业启蒙教育。二是加强职业学校教育的纵向贯通。职业学校教育分为中等职业学校教育、高等职业学校教育，支持职业本科学校建设。其他学校、教育机构或者符合条件的企业、行业组织可以实施相应层次的职业学校教育或者提供纳入人才培养方案的学分课程。三是加强职业学校教育与职业培训的并重互通。完善学习成果互认，建立健全各级各类学校教育与职业培训学分、资历以及其他学习成果的认证、积累和转换机制；企业应当建立健全职工教育培训制度。

3. 推进职业教育的实施

一是强化政府统筹职责。省、自治区、直辖市人民政府统筹高等职业学校布局，县级人民政府统筹中等职业学校布局；设立实施本科及以上层次教育的高等职业学校，由国务院教育行政部门审批；县级以上人民政府应大力发展先进制造等产业需要的新兴专业；县级以上人民政府应当出台具体措施，支持高水平职业学校、专业建设。二是加强行业指导职责。发挥行业主管部门、工会和中华职业教育社等群团组织、行业组织在职业教育实施中的重要作用。包括参与制定职业教育专业目录和相关职业教育标准，培育供需匹配的产教融合服务组织，创办或者联合创办职业学校、职业培训机构，组织、协调、指导相关企业、事业单位、社会组织创办职业学校、职业培训机构。三是推动企业深度参与职业教育。通过单独创办职业学校和培训机构、联合办学、实行学徒制、委托培养等方式，有计划地对本单位的职工和准备招用的人员实施职业教育，并可以设置专职或者兼职实施职业教育的岗位；按照国家规定实行培训上岗制度；符合条件的企业可在政府支持下建设开放共享的产教融合实训基地，也可以根据社会需要面向社会开展职业培训，可通过职业教育集团等方式参与职业学校人才培养全过程；具备条件的企业需要接纳一定数量的职业学校和职业培训机构教师实践；按照政府统筹安排参与职业学校的教育质量和办学水平评估，反映企业对人才培养的诉求。四是鼓励各方和社会参与职业教育实施。鼓励行业组织、企业、事业单位创办或者联合创办职业学校、职业培训机构；组织开展职业技能竞赛等活动，为技术技能人才提供展示技能、切磋技艺的平台，持续培养更多高素质技术技能人才、能工巧匠和大国工匠。

4. 规范职业学校和职业培训机构

一是健全职业学校的内部治理体制。公办职业学校实行中国共产党职业学校基层组织领导的校长负责制，民办职业学校依法健全决策机制；建立和完善教职工代表大会等组织形式，听取行业组织、企业、学校毕业生等各方代表的意见。二是明确职业学校的权利与职责。职业学校在专业设置和调整、人事管理、教师评聘、收入分配等方面依法享有自主权；职业学校应当加强校风学风建设，营造良好学习环境，保证教育教学质量；职业学校应当建立健全就业创业促进机制，增强学生就业创业能力。三是建立职业学校的招生考试制度。完善职教高考制度，高等职业学校可以按照国家有关规定，采取文化素质与职业技能相结合的考核方式招收学生；对有突出贡献的技术技能人才，经考核合格，可以破格录取。中等职业学校可以按照国家有关规定，在有关专业实行与高等职业学校教育的贯通招生和培养。四是建立健全职业教育质量评价制度。职业教育质量评价应当突出就业导向，把受教育者的职业道德、技术技能水平、就业质量作为重要指标，引导职业学校培养高素质技术技能人才。

5. 完善教师队伍建设，保障师生合法权益

一是建立健全职业教育教师队伍。建立健全职业教育教师培养培训体系，加强职业教育教师培养培训基地建设，明确企业参与教师培训的义务；专业课教师（含实习指导教师）应当具有企业工作经历、经验及技术技能；鼓励高技能人才进入职业学校，担任专职或者兼职专业课教师。二是保障职业教育教师的权利。县级以上人民政府应当保障职业教育教师的权利，提高其社会地位与专业素质；县级以上人民政府应当完善职业教育教师保障体系，优化职业学校绩效工资分配制度，提高农村职业教育教师社会地位和待遇。二是保障职业学校学生的合法权益。明确了职校学生休息休假、卫生安全、劳动保险、劳动报酬等实习权益，明确了职校学生升学权益，明确了职校学生在考公、招聘、考研时的发展权益，

学生通过接受职业教育能够实现就业有能力、升学有优势、发展有通道。

6. 建立健全产教融合、校企合作机制

一是设计产教融合、校企合作的发展布局。职业教育必须坚持产教融合、校企合作；职业学校、职业培训机构实施职业教育应当注重产教融合，实行校企合作。二是明确产教融合、校企合作的形式与内容。职业学校、职业培训机构可以通过与行业组织、企业、事业单位等共同举办职业教育机构、组建职业教育集团、开展订单培养等多种形式进行合作；鼓励支持职业学校与企业联合共建实习实训基地、技术技能创新平台，与企业开展人才培养、师资队伍建设、课程教材开发、科学研究、技术服务、成果转化等合作。三是明确政府对企业的支持措施。对深度参与产教融合、校企合作，在提升技术技能人才培养质量、促进就业中发挥重要主体作用的企业，按照规定给予奖励；对符合条件认定为产教融合型企业的，按照规定给予金融、财政、土地等支持，落实教育费附加、地方教育附加减免及其他税费优惠。四是建立对职业学校的激励措施。职业学校、职业培训机构开展校企合作、提供社会服务或者以实习实训为目的举办企业、开展经营活动取得的收入用于改善办学条件；收入的一定比例可以用于支付教师、企业专家、外聘人员和受教育者的劳动报酬，也可以作为绩效工资来源，符合国家规定的可以不受绩效工资总量限制。五是推行中国特色学徒制。引导企业按照岗位总量的一定比例设立学徒岗位，鼓励和支持有技术技能人才培养能力的企业特别是产教融合型企业与职业学校、职业培训机构开展合作，对新招用职工、在岗职工和转岗职工进行学徒培训，或者与职业学校联合招收学生，以工学结合的方式进行学徒培养。有关企业可以按照规定享受补贴。企业与职业学校联合招收学生，以工学结合的方式进行学徒培养的，应当签订学徒培养协议。

7. 加强对职业教育的保障

一是加强政府统筹和主导作用。县级以上人民政府应当将职业教育纳入经济社会发展和教育发展总体规划。二是多渠道筹集发展职教经费。加强预算绩

效管理，提高资金使用效益。制定职业学校生均经费标准或者公用经费标准。财政专项安排、社会捐赠指定用于职业教育的经费，任何组织和个人不得挪用、克扣。地方教育附加等方面的经费，应当将其中可用于职业教育的资金统筹使用；发挥失业保险基金作用。企业应当按照职工工资总额一定比例提取和使用职工教育经费。国家鼓励金融机构通过提供金融服务支持发展职业教育。国家鼓励企业、事业单位、社会组织及公民个人对职业教育捐资助学，鼓励境外的组织和个人对职业教育提供资助和捐赠。三是营造良好的发展环境。鼓励和支持开展职业教育的科学技术研究、教材和教学资源开发，推进职业教育资源跨区域、跨行业、跨部门共建共享；提高技术技能人才的社会地位和待遇，为职业教育发展营造良好的社会环境。

8. 增加法律责任的规定

一是指向性的责任条款。在职业教育活动中违反教育法律法规、劳动法律法规等有关法律法规的，依照有关法律法规的规定给予处罚。二是具体性的责任条款。对企业、职业学校和培训机构、机关的处罚，对侵害学生实习权益的处罚。

此外，还对职业教育国际交流合作，职业学校和职业培训机构设立条件、办学审批，职业学校学生的奖励和资助制度，境外的组织和个人在境内举办职业学校、职业培训机构等作出了规定。

（四）落实展望

1. 研判形势，落实关键政策

一是健全央地协同发展政策。新修订的《中华人民共和国职业教育法》把国务院职业教育工作部际联席会议制度法定化，明确了国家部门、中央、地方的法定职责。要按照新法要求，建立教育部统筹规划、综合协调、宏观管理，各部门分工合作、共同治理的工作机制。一方面，地方政府要进一步加强对职业教育发展的统筹，采取具体措施支持本区域职业教育发展；另一方面，教育部将进一步深化和扩大部省共建职教高地，给地方赋予更多自主权，激发地方改革活力，并及时把地方的好政策、好办法提炼转化为国家制度，加快中国特色职业教育制度标准模式创新。

二是落实地方各项配套政策。县级以上人民政府及有关部门应当对深度参与产教融合、校企合作的企业，按照规定给予金融、财税、土地等支持。强化金融扶持，重点支持教学、实验、实训类用房建设和设备购置安装等项目。落实财政税收优惠政策，包括落实教育费附加和地方教育附加等政策、支持高新技术企业资格的产教融合型企业等。落实土地保障政策，包括优化科教用地土地供应方式等。落实地方政府对职业学校、职业培训机构开展校企合作、提供社会服务或者以实习实训为目的举办企业、开展经营活动取得的收入用于改善办学条件，收入的一定比例可以用于支付教师、企业专家、外聘人员和受教育者的劳动报酬，同时享受相关税费优惠等相关政策。

三是建立法律实施监督政策。推动以事实为根据、以法律为准绳建立职教法实施监督政策。依照新修订的《中华人民共和国职业教育法》规定处理各种案件，对社会上发生的一切违反《中华人民共和国职业教育法》的违法行为予以追究并依法制裁，强化督导结果的刚性运用，形成包含责任追究、整改落实的监督机制，把教育督法结果与教育行政、学校管理责任等直接挂钩，促进教育督法工作长期有效进行。

2. 以法为据，推进重点改革

一是构建现代职业教育发展体系。依据新修订的《中华人民共和国职业教育法》和中共中央办公厅、国务院办公厅印发的《关于深化现代职业教育体系建设改革的意见》的规定，进一步凸显职业教育的类型特征，职业学校的人才培养目标必须把职业技能与职业精神融合起来，把技术技能教育与学术教育结合起来。建立健全服务全民终身学习的现代职业教育体系，实现职业教育与普通教育相互融通，不同层次职业教育有效贯通，搭建职业教育人才成长的"立交桥"。

二是制定职普协调发展规划。地方政府需要加强落实省级统筹的主体责任，科学制定区域高中阶段教育结构发展规划，加快形成中职教育与普通高中教育协调发展、齐头并进的良好局面。在传统的普通高中与职业学校之外，各地可以根据实际情况建立一批兼具普通教育与职业教育特色的综合高中，让学生有机会选择更加多元化的生涯发展道路。

三是加快建立职教高考制度。持续深化"文化素质＋职业技能"考试招生制度改革，文化知识与职业技能的具体比重，可以由各省教育行政部门结合各省社会经济发展的实际情况进行综合权衡设置。稳步推进职业本科教育，通过政策保障中职、高职与职业本科教育相互贯通的人才培养体系，推动各层次职业教育在人才培养目标、专业设置与课程开发等方面进行有效衔接。

四是依法落实企业主体责任。教育部门需要与发改、财政、国资、工信等部门加强协调沟通，就企业尤其是国企举办职业教育的问题进行专门研究，落实《中华人民共和国职业教育法》对企业举办职业教育的政策导向、学校属性、财政投入、收费标准、师资建设等规定。研究制订举办股份制、混合所有制职业学校的具体办法。落实"金融＋财政＋土地"组合式激励政策，建立产教融合政策执行落地情况的监测机制，探索发展职业教育产教服务型组织。

3. 立德树人，提高教学质量

一是优化立德树人的校园环境。依据新修订的《中华人民共和国职业教育法》规定，坚持立德树人根本任务，推动职业学校做好文化育人顶层设计，凝练校训、校风、教风、学风，构建凸显地域文化特色、突出专业办学特点以及学校优良传统的精神文化体系，进一步强化制度规范和监督约束，帮助学生塑造团结协作、遵规守纪的品格，不断提升职业学校的管理水平，为学生提供良好的学习成长环境。

二是实施办学条件达标工程。进一步落实新增教育经费向职业教育倾斜的要求，加大政府主导的各级财政投入，建立与办学规模、培养成本、办学质量等相适应的财政投入制度，建立健全政府、行业、企业及社会力量多元投入机制，加快改善职业教育的办学条件，让职业教育更优质、更公平。

三是深化教育教学改革。加强"双师型"职教师资队伍培养，校企合作开发职教师资培养课程体系，实施职教教师培养课程制度。将新技术、新工艺、新理念纳入教材，把企业的典型案例及时引入教学，把职业资格证书、职业技能等级证书内容及时融入教学。深化"三教"改革，推进线上与线下相结合的混合式教学，打造深度学习、合作学习、有效学习的职业学习新课堂。

4. 结合实际，健全保障机制

一是完善质量评价机制。地方教育部门应会同其他相关部门、职业院校、行业企业组建外部多元化的评价体系，对职业院校的办学质量、人才培养水平、学校治理能力、教学管理水平等工作进行评价及认证，并定期向社会公布，接受公众监督。也可委托第三方专门机构对职业院校的办学情况进行评估和认证，作为多元化评价体系的有益补充。职业教育质量评价应当突出就业导向，把受教育者的职业道德、技术技能水平、就业质量作为重要指标，引导职业学校培养高素质技术技能人才。

二是健全法律制度体系。构建我国职业教育法律体系，需要在不同层级的职业教育立法中，尤其在地方立法中，形成统一的价值理念，达到内在的逻辑统一性。一方面，需要及时调整与新法相冲突的地方职业教育政策。地方职业教育立法应基于所在区域的产业发展特色、文化传承、职业教育基础条件、教育资源的发展优势等因素进行综合考量，以提升区域职业教育立法的整体质量。另一方面，形成适时主动清理地方职业教育政策的动态机制，从合理性、可行性、合法性、技术性等角度对现有的地方职业教育政策进行定期整理。

三是优化职教发展环境。在招生层次、就业岗位、待遇、晋级、升职等各方面一视同仁、同等对待。强化技能导向的人才使用制度，拓宽技术技能人才职业发展通道，完善以职业能力为导向、以工作业绩为重点，注重工匠精神培育和职业道德养成的技术技能人才评价体系机制，吸引更多劳动者特别是青少年主动学习技能，主动选择技能成才、技能报国的发展道路。

综上所述，新修订的《中华人民共和国职业教育法》作为我国职业教育领域的基本法，将为我国职业教育的高质量发展提供法律的指引作用、规范作用、保护作用和制裁作用。在新法实施下，需要提高运用法治思维和法治方式推动职业教育高质量发展的意识和能力，凝聚各方支持职业教育发展的合力，形成科学互补、协调统一的职业教育法律体系，从整体上为职业教育高质量发展提供法治保障。

三、未成年人学校保护规定

（一）出台背景

以习近平同志为核心的党中央高度重视未成年人保护工作，习近平总书记强调，少年儿童是祖国的未来，是中华民族的希望，各级党委和政府、全社会都要关心关爱少年儿童，为少年儿童茁壮成长创造有利条件。2021年5月30日，习近平总书记给江苏省淮安市新安小学少先队员回信，提出了殷切希望。2020年10月，习近平总书记签署主席令，颁布新修订的《中华人民共和国未成年人保护法》，其中专章对学校保护作出规定。与未成年人保护法的新要求相比，学校未成年人保护工作中仍然存在着对保护职责认识不全面、相关制度可操作性不强、保护体制机制不健全等问题，迫切需要研制《未成年人学校保护规定》，细化落实上位法要求，系统整合相关制度，进一步提升未成年人学校保护工作效能。

2021年6月1日，新修订的《中华人民共和国未成年人保护法》开始实施。在新法实施的当日，教育部部长陈宝生签发《未成年人学校保护规定》（以下简称《规定》），这是教育部第一次就未成年人保护制定专门规章，也是贯彻落实未成年人保护法最有效、最有意义的重大举措，受到了社会各界尤其是家长和孩子们的热烈欢迎。

（二）重大意义

一是《规定》对营造保护未成年人的整体社会氛围具有重大意义。《规定》再次强调了学校学生保护工作应当坚持最有利于未成年人的原则，明确规定了未成年人的基本权利，对转变社会理念、进一步保护未成年人权益具有积极作用。

二是《规定》对教师师德及职业素质的培养具有重大意义。《规定》不仅将政策要求转化为制度规章，在教师师德及职业素养的培养上，对学校提出了具体的系统性制度要求，明确教师管理的具体措施，而且在"责任与处理"一章明确了教育部门、学校及教职工不履行责任的具体处理办法，细化和完善法律责任，为下一步加强管理问责提供了更为明确的依据。

三是《规定》对推进教育治理体系与治理能力现代化具有重大意义。推进教育治理体系与治理能力现代化，要求依法治教中的外部治理与内部治理相配合。近年来关于中小学外部治理的改革主要是围绕保障中小学办学自主权进行的，而内部治理则是提升学校自身的治理能力。目前全国各地中小学初步完成了以章程为统领的学校治理制度体系建设，下一步的任务是完善学校制度体系以及学校在制度框架下如何有效地进行内部管理。第一，从《规定》在依法治校制度体系的重要地位来讲，此前国家出台的关于依法治校的法律法规和系列文件，涵盖了学校安全、学校制度建设、校闹治理、教育惩戒的实施等，《规定》的出台是在此基础上继续完善依法治校制度建设的重要一步。第二，从《规定》对学校内部管理提出的新理念与新目标来讲，由过去重点强调对学生的管理变为注重尊重学生权利，强调对学生的关爱与保护，《规定》中的制度建设与具体措施均围绕这一理念来设计，体现了教育领域法治思维能力的进一步提升，对推进教育治理体系与治理能力现代化有着重要意义。

四是对提高青少年法治教育的针对性和实效性具有重大意义。第一，《规定》对学校治校办学理念和法治教育理念都提出了新要求，要树立以生命关怀为核心的教育理念。第二，《规定》对学校未成年人保护制度的重构提出了新要求，教育机制就是八大机制中的重要组成部分，是预防侵权的重要措施，根据规定的要求也将随之加强。第三，《规定》对学校治理能力的提升有了新要求，青少年法治教育需落到实处，起到实效。第四，《规定》对教育机制的整体构建，对法治教育内容和教育目标都提出了新要求：要开展安全教育、心理健康教育、环境保护教育、健康教育、禁毒和预防艾滋病教育等专题教育，引导学生热爱生命、尊重生命；要开展青春期教育、性教育，使学生了解生理健康知识，提高防范性侵害、性骚扰的自我保护意识和能力；要开展以宪法教育为核心、以权利与义务教育为重点的法治教育，培养学生树立正确的权利观念，并开展有针对性的预防犯罪教育。法治教育与其他内容的教育之间需有机结合、互相补充，实现教育机制整体提升。

（三）主要内容

《规定》共 8 章、63 条，重点围绕"谁来保护""保护什么""如何保护"等问题，系统构建未成年人学校保护的制度体系。《规定》的主要内容，概括起来就是"五个明确"，即明确学校保护职责、明确专项保护制度、明确学校管理要求、明确保护工作机制、明确支持监督措施。

一是明确学校保护职责。《规定》依据宪法、民法典、未成年人保护法、教育法等法律，总结归纳了学校应当保护的未成年人基本权利，专设"一般保护"一章予以规定。在各条款中分别规定学校具体职责以及工作要求。其中有很多新举措，比如，为营造生动活泼的教育生态、保护学生活力、促进学生全面发展，提出：学校不得设置侵犯学生人身自由的管理措施，不得对学生在课间及其他非教学时间的正常交流、游戏、出教室活动等言行自由设置不必要的约束；再比如，为保护学生隐私和自尊心，减少攀比、避免歧视，缓解应试压力，《规定》禁止学校、教师公开学生的考试成绩和排名，但是要求学校采取措施，便利家长知道学生的成绩等学业信息。

二是明确专项保护制度。针对学生欺凌、校园性侵害等中央关心、社会关注、群众关切的对学生合法权益损害重大的问题，设"专项保护"一章，提出保护要求。《规定》设计了防治学生欺凌的规则体系：明确学生欺凌的概念，强调主体上的特定性、主观上的故意性、后果上的伤害性，把学生欺凌和校园暴力、学生间正常的嬉闹等区别开来。明确学生欺凌的行为表现，归纳了侵犯身体、侮辱人格、侵犯财产、恶意排斥、网络诽谤或传播隐私等五类欺凌行为。建立学生欺凌预防机制，规定学生欺凌教育制度和调查评估制度。建立学生欺凌关注、干预和制止机制，要求教职工应当关注可能处于弱势或者特殊地位的学生，发现学生存在被孤立、排挤等情形的应当及时干预，发现学生实施对他人的欺凌行为的应当及时制止。建立学生欺凌认定和处置机制，要求学校成立学生欺凌治理组织负责调查和认定，对存在欺凌行为的学生应当进行教育惩戒等。同时，将防治性侵害、性骚扰纳入专项保护。要求学校建立健全教职工与学生交往行为准则、学生宿舍安全管理规定、视频监控管理规定等制度，建立预防、报告、处置性侵害工作机制。

三是明确学校管理要求。结合学校对未成年人保护的特点，对近年来教育部发布的相关文件特别是"五项管理"进行逐项衔接和系统整合，从健全学校管理制度、保护学生合法权益的角度，将相关要求进一步规范化、体系化、法治化，落实为校规管理、教学管理、作业管理、读物管理、安全管理、药品管理、体质管理、心理健康管理、手机管理、网络管理、禁烟禁酒等具体制度。考虑到教职工是未成年人保护的重要主体，专门规定了教师行为管理要求：建立入职查询制度，要求学校不得聘用四类人员，即因故意犯罪受到相关刑事处罚的、因吸毒等受到治安管理处罚的、因虐待学生等被开除或者解聘的以及实施其他被纳入从业禁止范围行为的，以把好入口关；做好日常监管，提出六项要求，明确行为红线；明确问责规则，对于教职工队伍中的极少数害群之马侵害学生权益的，要依法追究责任。

四是明确保护工作机制。《规定》构建了完善的工作机制，包括：领导机制和组织机制、教育机制、专业合作机制、民主参与机制、家校沟通机制、强制报告机制、首问负责机制、帮扶救助机制等，为学校未成年人保护提供有力的支撑。其中强调，学校应当指定一名校领导直接负责学生保护工作，明确具体的工作机构和人员，并规定有条件的学校可以设立学生保护专员，努力打造一支专门队伍，提高工作专业化水平。

五是明确支持监督措施。《规定》对教育部门提出明确要求，教育部门及人民检察院、人民法院、公安、司法、民政、应急管理等部门应当建立协同机制，健全教职工从业禁止人员名单和查询机制；教育部门可以通过政府购买服务的方式为学校提供专业服务，应当指定专门机构或者人员承担学生保护的监督职责，有条件的可以设立学生保护专兼职监察员；教育部门要建立投诉举报途径、加强考核评估，各级教育督导机构应当将学校学生保护工作情况纳入政府履行教育职责评价和学校督导评估的内容。此外，《规定》还明确教育部门、学校及教职工不履行责任的具体处理办法，细化和完善法律责任，为下一步加强管理问责提供更为明确的依据。

（四）落实展望

第一，对各级教育行政部门推动《规定》落实提出了新要求。《规定》的落实涉及学校治校办学理念的更新、制度的重构和能力的提升，确保《规定》落地见效，关键要靠各级教育部门和学校。教育部指导各级教育部门和学校做好学习宣传，确保教育系统干部师生能够普遍知晓和理解《规定》的精神和要求。各地要健全工作机制，加强与人民检察院、人民法院、公安、司法、民政、应急管理等部门以及从事未成年人保护工作的群团组织的沟通协作，建立协同机制，形成工作合力。各地要完善教育内部工作机制，明确专门机构和人员负责未成年人保护工作；要加强支持保障，加大经费、人员等方面的投入力度，为学校提供必要条件、解决实际困难；要推动基层试点，教育部会同有关机构，在全国部分地区开展了未成年人学校保护工作的试点，给予了大力支持，并组织开展校长和未成年人学校保护专员培训，促进地方、学校不断提升未成年人学校保护工作的能力和水平。

第二，对学校的教育管理工作提出了新要求。《规定》进一步明确了学校在未成年学生保护和学校日常管理方面的职责。这些规定与教育部"五项管理"等相关文件一起为学校依法治校提供了法律依据。学校要深入落实有关规定，将国家的教育政策和教育立法转化为学校实践，建立健全学校的规章制度，特别要重视校规校纪的建设工作和教师队伍法治意识提升工作，打通当前教育法治工作"最后一公里"的难题。

第三，对教师把握好自己的定位提出了新要求。教师承担着教书育人的重要使命和塑造灵魂、塑造生命、塑造新人的神圣职责。教职工的一言一行会对学生产生直接的、重要的影响。教职工利用职务便利牟取利益，不仅侵害学生权益，而且严重损害教师形象，甚至构成违法犯罪。2018年，教育部印发《新时代中小学教师职业行为十项准则》，2019年，教育部等七部门印发《关于加强和改进新时代师德师风建设的意见》。上述文件对各级各类学校教师的师德师风提出了明确要求，为规范教师行为，保护学生权益，《规定》进一步对教职工行为提出了六项禁止性要求：（一）利用管理学生的职务便利或者招生考试、评奖评优、推荐评价等机会，以任何形式向学生及其家长索取、收受财物或者接受宴请、其他利益；（二）以牟取利益为目的，向学生推销或者要求、指定学生购买特定辅导书、练习册等教辅材料或者其他商品、服务；（三）组织、要求学生参加校外有偿补课，或者与校外机构、个人合作向学生提供其他有偿服务；（四）诱导、组织或者要求学生及其家长登录特定经营性网站，参与视频直播、网络购物、网络投票、刷票等活动；（五）非法提供、泄露学生信息或者利用所掌握的学生信息牟取利益；（六）其他利用管理学生的职权牟取不正当利益的行为。《规则》不仅将政策要求转化为制度规章，在教师师德及职业素养的培养上，对学校提出了具体的系统性的制度要求，明确教师管理的具体措施，而且在"责任与处理"一章明确了教育部门、学校及教职工不履行责任的具体处理办法，细化和完善法律责任，为下一步加强管理问责提供了更为明确的依据。

四、中小学法治副校长聘任与管理办法

（一）制定背景

自 20 世纪 90 年代以来，我国开始从政法机关等单位遴选优秀法律专业人士，由中小学校聘请担任兼职法治副校长，履行指导并协助组织开展青少年法治教育等相关活动的职责，经过探索萌芽、规范拓展、发展成熟等三个阶段，逐步形成了具有中国特色的中小学法治副校长制度。《中小学法治副校长聘任与管理办法》（以下简称《办法》）的出台是制度成熟阶段的标志，是法治副校长制度不断发展演进的必然结果。

1. 探索萌芽期

从改革开放初期至 2000 年，是中小学法治副校长制度的探索萌芽期。这一时期，以 1995 年 12 月原国家教委、原中央社会治安综合治理委员会办公室、司法部联合印发的《关于加强学校法制教育的意见》为标志性文件，见证了中小学法治副校长制度由无到有，经历了从"校外辅导员"到"校外法律辅导员"，再到"兼职法制副校长"的制度探索过程。"校外辅导员"是《关于加强学校法制教育的意见》中最初规定的，该文件提出了学校法制教育教师队伍建设的"专、兼、聘"模式，其中"聘"即为聘请部分长期从事政法工作和青少年法制教育工作的同志担任校外辅导员。1999 年，"校外法律辅导员"一词被写入《中华人民共和国预防未成年人犯罪法》，该法第九条明确规定学校根据条件可以聘请校外法律辅导员。2000 年底印发的《中央社会治安综合治理委员会关于进一步加强预防青少年违法犯罪工作的意见》要求"选派优秀干警到中小学校任兼职法制副校长"，"法制副校长"第一次在国家文件中出现。

2. 规范拓展期

2003 年 11 月，原中央社会治安综合治理委员会联合最高人民法院、最高人民检察院、教育部、公安部和司法部出台了《关于规范兼职法制副校长职责和选聘管理工作的意见》，对中小学法制副校长的任职条件、选聘、职责和管理等作了全面、专门的规范。2006 年和 2011 年，教育部印发的《全国教育系统法制宣传教育的第五个五年规划》和《全国教育系统开展法制宣传教育的第六个五年规划（2011—2015 年）》，也都对"推动和规范法制副校长制度建设"作了明确规定。特别是在中央和地方立法中，法制副校长制度也得到规范和明确。2006 年，由教育部联合公安部、司法部等九部门制定的部门规章《中小学幼儿园安全管理办法》第 43 条，对法制副校长如何选聘、职责内容和考核管理等作了原则性规定。

3. 发展成熟期

从 2012 年 11 月教育部印发《全面推进依法治校实施纲要》到 2021 年 12 月《办法》发布，标志着中小学法治副校长制度迈入成熟期。这一时期有两大特点：一是实现了从"法制副校长"到"法治副校长"的称谓转变。党的十八届四中全会提出"把法治教育纳入国民教育体系，从青少年抓起，在中小学设立法治知识课程"。由此，"法制教育"升格为"法治教育"。作为法治教育的重要承担者，"法制副校长"也顺理成章地被称作"法治副校长"。2016 年 6 月，教育部联合司法部和全国普法办印发了《青少年法治教育大纲》，"法治副校长"首次成为政策文件的正式用语。由"制"到"治"的一字之改，赋予了法治副校长在新时代开展中小学法治教育的新内涵。二是法治副校长更多参与到中小学校内部治理中来。在中小学校园欺凌综合治理、健全学校安全事故处理机制、实施中小学教育惩戒等新机制的治理架构中，法治副校长成为不可或缺的一员。

特别是近年来，教育部制定的两部规章《中小学教育惩戒规则（试行）》和《未成年人学校保护规定》，以法定形式分别明确法治副校长应当作为学生教育保护辅导小组、学生申诉委员会和学生欺凌治理组织的当然成员。

（二）重大意义

法治社会是构筑法治国家的基础，法治社会建设是实现国家治理体系和治理能力现代化的重要组成部分。建设信仰法治、公平正义、保障权利、守法诚信、充满活力、和谐有序的社会主义法治社会，是增强人民群众获得感、幸福感、安全感的重要举措。

《办法》的出台是我国法治社会建设背景下的时代要求，是贯彻落实《法治社会建设实施纲要（2020—2025 年）》的具体措施。《办法》也是推动全社会增强法治观念，加强青少年法治教育，全面落实《青少年法治教育大纲》，把法治教育纳入国民教育体系的制度要求。

《办法》的出台进一步完善了法治副校长制度，不断加强对教师的法治教育培训，配齐配强法治课教师、法治辅导员队伍，健全青少年参与法治实践机制。

这也体现了在法治社会建设中"推进多层次多领域依法治理"的要求：全面推进基层单位依法治理，企业、学校等基层单位普遍完善业务和管理活动各项规章制度，建立运用法治方式解决问题的平台和机制。

（三）主要内容

《办法》共 20 条，重点围绕中小学法治副校长"是什么""干什么""谁来管""怎么聘""如何干好"等问题，系统设计了中小学法治副校长聘任与管理制度，主要分为法治副校长的条件与要求、选拔机制、主要职责、培训和支持、考核和评价等五个方面。

1. 法治副校长的条件与要求

《办法》对法治副校长的条件与要求作了明确规定，旨在确保其在职务履行中能够胜任并为学校的法治建设提供有效支持。这些条件和要求涵盖了多个方面，涉及扎实的法学背景、高尚的政治素质、优秀的教育教学能力、健康的身心素质以及良好的职业操守等方面，确保法治副校长具备综合素质和专业能力，能够切实履行法治副校长责任。

2. 法治副校长的选拔机制

《办法》对法治副校长的选拔机制进行了规定，旨在确保选拔过程的公平性、专业性和科学性，以选出具备综合素质和专业背景的合适人选担任法治副校长。根据《办法》的规定，法治副校长的选拔需要教育部门和法律部门的共同参与。这种多部门合作的机制确保了选拔过程的全面性和专业性。教育部门负责学校的教育教学管理，而法律部门则能够提供专业的法律咨询和评估，从而在选拔过程中综合考虑候选人的法学素养和综合能力。

3. 法治副校长的主要职责

《办法》明确了法治副校长的主要职责，旨在确保他们能够在学校内发挥重要作用，加强对师生的法治意识和法律教育，促进学校的法治建设。其主要职责涉及开展法治教育、保护学生权益、预防未成年人犯罪、参与安全管理、实施或者指导实施教育惩戒、指导依法治理、指导协助学校履行法律法规规章规定的其他职责等方面。

4. 法治副校长的培训和支持

《办法》重视对法治副校长的培训和支持，明确他们在履行职责时需要不断提升综合素养和专业能力，同时也需要得到派出机关和学校的必要支持和便利条件。以下将详细介绍这一方面的内容，凸显法治副校长培训和支持的重要性。

（1）培训方案与内容

《办法》规定，教育部门会同派出机关制定培训方案和规划，为法治副校长提供培训机会。培训内容涵盖政治理论、未成年人保护、教育法律政策、心理健康教育、学校安全管理等多个方面。这一培训体系旨在提升法治副校长的综合素养，使其具备更全面的知识储备和工作能力。政治理论的培训有助于法治副校长更好地理解党和国家的法治建设方向，未成年人保护和教育法律政策的培训使其在法律工作中更具备准确性和前瞻性，心理健康教育和学校安全管理的培训能够帮助他们更好地照顾学生的身心健康。

（2）提升综合素养和专业能力

通过培训，法治副校长可以提升综合素养和专业能力，更好地履行职责。政治理论和法律政策的培训有助于他们在法律工作中更好地维护国家法律制度和学校法规。未成年人保护和心理健康教育的培训能够使他们更加关注学生的成长和健康，为学生提供更全面的关爱。学校安全管理的培训能够增强他们应对突发事件的能力，为学生创造更安全的学习环境。

（3）派出机关和学校的支持

《办法》明确，派出机关和学校要为法治副校长的履职提供必要的支持和便利条件。这包括为他们提供足够的工作时间和工作条件，鼓励、支持他们履职尽责。派出机关应建立健全法治副校长的工作团队制度，为他们提供协同工作的环境。学校要建立有效的沟通联系机制，及时与法治副校长沟通，为他们提供所需的信息和资源。

（4）提升法治副校长的影响力和效果

通过培训和支持，法治副校长能够提升自身的影响力和工作效果。他们将以更高的素质和能力参与学校的决策和管理，为学校提供更专业的法律意见。培训也使他们能够更好地向学生和教师传递法律知识，引导大家树立正确的法律观念。派出机关和学校的支持则为法治副校长履职提供了更好的工作环境，使他们能够更充分地发挥作用。

综上所述，法治副校长的培训和支持在《办法》中得到了明确强调，这一方面的规定有助于提升法治副校长的综合素养和专业能力，增强他们在学校内的影响力和效果。同时，派出机关和学校的支持也为法治副校长的履职提供了保障，使他们能够更好地履行职责，为学校的法治建设和法治教育作出积极贡献。

5. 法治副校长的考核和评价

《办法》在强化法治副校长履职能力的同时，也规定了对法治副校长进行考核和评价的制度，旨在激励法治副校长更好地履行职责，提升其工作质量和水平。

（1）学校的法治副校长工作评价制度

《办法》明确规定，学校要建立法治副校长工作评价制度，定期对法治副校长的工作情况进行评价。这一制度有助于客观地了解法治副校长的履职情况，包括他们在法律咨询、教育管理、学校法治建设等方面的表现。评价制度的建立能够促进法治副校长的工作积极性和主动性，使他们更有动力投入到法治工作中。

（2）派出机关的考核内容与评价

《办法》规定派出机关将法治副校长履职情况作为工作考核内容，并作为晋升和奖励的重要依据。这意味着法治副校长的工作表现将直接影响他们在派出机关的评价和职务晋升。这一机制将促使法治副校长更加努力地投入工作，取得更好的工作成绩。同时，对于派出机关来说，能够通过对法治副校长的考核评价，实现对学校法治建设的有效监督与引导。

（3）激励履职尽责，提高工作质量

考核和评价制度的建立有助于激励法治副校长更加认真履行职责，不断提高工作质量。知道自己的工作会受到评价和考核，法治副校长将更加注重工作细节，积极解决学校在法治建设方面的问题，推动学校法治工作取得实质性进展。这对于提升学校的法治水平、维护师生合法权益具有积极意义。

综上所述，《办法》明确了对法治副校长的考核和评价制度，这一制度有助于激励他们更好地履行职责，提高工作质量。同时，考核和评价制度也将促进学校法治文化的深入融入，为学校的法治建设和法治教育提供坚实的支撑。通过这一制度的建立，法治副校长的工作将更加积极、专业和有力。

（四）实施展望

伴随着法治理论研究的深入，我国教育也已经进入全面依法治教的新时期。法治副校长制度从最初萌芽到现在，逐渐发展成熟，仍需不断完善。结合《办法》中的有关规定，期待中小学法治副校长制度在以下三个方面进行调整，从而进一步促进教育高质量发展。

1.明确规定细则，完善制度体系的建设

当前，未成年人保护和预防未成年人犯罪的现实需求对法治副校长制度给予了更高的期待，提出了更多的要求。《办法》共20条，条款比较简短，某些规定不够明确和详尽，难以满足现实的需求，因此，建议进一步明确规定细则，不断完善制度体系建设，以此来保障制度的顺利落实。

2. 积累实践经验，开创法治教育新模式

法治副校长制度从萌芽至现在，前后历经了 20 年，已在全国各省市落地运行多年，具有一定的实践基础。但目前，各地法治副校长制度的实效不等，有的地方发挥了其作用，有的地方还存在形式主义。因此，需要推动各地方总结法治副校长制度的实践，总结成功的工作经验以及存在的现实问题，还需结合当下背景和科学技术，在其成功经验的基础上不断开创法治教育新模式。

3. 搭建合作平台，建构多部门协同工作机制

法治副校长的工作涉及教育、法院、检察院、公安和司法等多个部门，如何构建有效的工作模式，形成有效的工作机制，达到支持、保障、激励法治副校长工作，从而在学校推进依法治校的新局面，需要各级政府充分重视。在此背景下，各级政府有必要建立法治副校长工作平台，统一协调各部门在法治副校长工作中的职能，需要在今后的工作中加以落实。

五、关于建立中小学校党组织领导的校长负责制的意见（试行）

（一）出台背景

中国共产党领导是中国特色社会主义最本质的特征，加强党对教育工作的全面领导是办好教育的根本保证。建立中小学校党组织领导的校长负责制，是坚持为党育人、为国育才，保证党的教育方针和党中央决策部署在中小学校得到贯彻落实的必然要求。2018 年 9 月 10 日，习近平总书记在全国教育大会上强调，各级各类学校党组织要把抓好学校党建工作作为办学治校的基本功，把党的教育方针全面贯彻到学校工作各方面。习近平总书记的重要指示，为新时期中小学校党建工作指明了前进方向，明确了改革任务，提出了工作要求，是

中小学校党建工作的根本遵循和行动指南。为贯彻落实习近平总书记重要指示精神，2018年，教育部党组、中央组织部组成联合调研组开展调研，在调研起草文稿的基础上，先后征求各省（区、市）党委组织、教育工作部门和部分中小学校的意见。2021年11月，习近平总书记主持召开中央全面深化改革委员会第22次会议审议通过。2022年1月26日，中共中央办公厅正式印发《关于建立中小学校党组织领导的校长负责制的意见（试行）》（以下简称《意见》）。

（二）重大意义

《意见》的印发，对进一步调整完善中小学校领导体制和工作机制，强化党组织功能，具有十分重要的意义。一是将不断加强党对教育工作的全面领导，保证党组织切实发挥领导作用。通过建立中小学校党组织领导的校长负责制，把政治标准和政治要求贯穿办学治校、教书育人全过程各方面，坚持为党育人、为国育才，保证党的教育方针和党中央决策部署在中小学校得到贯彻落实。二是将有效完善中小学校内部治理，提高科学决策、民主决策、依法决策质量和水平。通过建立中小学校党组织领导的校长负责制，健全完善中小学校议事决策制度和协调运行机制，发挥学校党组织领导作用，保证校长依法依规行使职权，不断提高议事决策水平，推动学校各项工作健康有序发展。三是将进一步深化基础教育改革发展，全面提高育人质量。通过建立中小学校党组织领导的校长负责制，强化党建引领基础教育改革，把思想政治工作和德育工作这一中小学校工作的生命线牢牢抓在手上、贯穿学校教育教学管理全过程，不断推动基础教育高质量发展，努力培养堪当民族复兴大任的时代新人。四是将推动全面从严治党向基层延伸，切实加强学校党组织和党员队伍建设。通过建立中小学校党组织领导的校长负责制，选优配强党组织书记和校长，加强学校基层党组织和党员队伍建设，健全党务工作机构，充实党务工作力量，突出政治功能，推动中小学校党组织、党员队伍和党的工作强起来。[①]

[①] 吕玉刚.深化中小学校领导体制改革 切实加强党对中小学工作的全面领导 [J].人民教育，2022（12）.

（三）主要内容

《意见》由五个部分组成，共15条，主要内容可以概括提炼为"一二三四五"几个方面，即围绕一个核心任务，明确两个职责定位，健全三个制度机制，强化四项基础保障，把握五项实施要求。

第一，围绕一个核心任务：建立中小学校党组织领导的校长负责制。《意见》明确指出，建立中小学校党组织领导的校长负责制，是坚持为党育人、为国育才，保证党的教育方针和党中央决策部署在中小学校得到贯彻落实的必然要求，充分说明建立中小学校党组织领导的校长负责制是《意见》提出的核心任务。

第二，明确两个职责定位：学校党组织职责和校长职责。一是学校党组织职责。中小学校党组织全面领导学校工作，履行把方向、管大局、作决策、抓班子、带队伍、保落实的领导职责。概括起来主要包括：把好政治方向。坚持以习近平新时代中国特色社会主义思想为指导，确保党的教育方针和党中央决策部署在中小学校得到贯彻落实；坚持把政治标准和政治要求贯穿办学治校、教书育人全过程各方面，坚持社会主义办学方向等。决定重大事项。讨论决定事关学校改革发展稳定及教育教学、行政管理中的"三重一大"事项和学校章程等基本管理制度，坚持党管干部、党管人才等。开展思政工作。开展社会主义核心价值观教育，抓好学生德育工作，做好教职工思想政治工作和学校意识形态工作等。加强基层党建。加强学校各级党组织建设和党员队伍建设，坚持全面从严治党，落实党风廉政建设主体责任等。同时，《意见》对学校党组织运行和党组织书记职责也作出了明确规定。学校党组织实行集体领导和个人分工负责相结合的制度。凡属重大问题都要按照集体领导、民主集中、个别酝酿、会议决定的原则，由党组织会议集体讨论作出决定。学校党组织书记主持党组织全面工作，负责组织党组织重要活动，督促检查党组织决议贯彻落实，督促党组织班子成员履行职责、发挥作用。二是校长职责。校长在学校党组织领导下，依法依规行使职权，按照学校党组织有关决议，全面负责学校的教育教学和行政管理等工作。概括起来主要包括：研究拟定和执行重要事项。包括学校发展规划、基本管理制度、内部机构设置方案、具体规章制度、年度工作计划以及重大建设项目、重要资产处置、重要办学资源配置方案、年度预算等。组织开展教育教学。包括开展教学活动和教育教学研究，加强学生德育、体育、美育、劳动教育和心理健康教育，提高学校思政课教学质量等。加强学校日常管理。包括加强教师等各类人才日常教育管理服务工作，做好学校安全稳定和后勤保障工作，组织开展学校对外交流与合作。认真执行报告制度。向学校党组织报告重大决议执行情况，向教职工大会（教职工代表大会）报告工作，依法保障师生员工合法权益。

第三，健全三个制度机制：党组织会议制度、校长办公会议制度、党政协调运行机制。一是党组织会议制度。《意见》规定，学校党组织会议讨论决定学校重大问题。党组织会议由党组织书记召集并主持，不是党组织班子成员的行政班子成员根据工作需要可列席会议。会议议题由学校领导班子成员提出，党组织书记确定。二是校长办公会议制度。《意见》规定，校长办公会议（校务会议）是学校行政议事决策机构，研究提出拟由学校党组织讨论决定的重要事项方案，具体部署落实党组织决议的有关措施，研究处理教育教学、行政管理等工作。会议由校长召集并主持。会议成员一般为学校行政班子成员，不是行政班子成员的党组织班子成员可参加会议。会议议题由学校领导班子成员提出，校长确定。三是党政协调运行机制。建立健全党组织统一领导、党政分工合作、协调运行的工作机制。建立学校党组织书记和校长定期沟通制度。党组织书记和校长要及时交流思想、工作情况，带头维护班子团结。学校党组织会议、校长办公会议（校务会议）的重要议题，党组织书记、校长应当在会前听取对方意见，意见不一致的议题暂缓上会，待进一步交换意见、取得共识后再提交会议讨论。集体决定重大问题前，党组织书记、校长和有关领导班子成员要个别酝酿、充分沟通。发挥教职工大会（教职工代表大会）和群团组织作用，健全师生员工参与民主管理和监督的工作机制。

第四，强化四项基础保障：岗位设置、人员选配、组织建设、条件保障。一是岗位设置。党组织设置为党委、党总支的中小学校，党组织书记、校长一般应当分设，党组织书记一般不兼任行政领导职务，校长是中共党员的应当同时担任党组织副书记；党组织设置为党支部的中小学校，党组织书记、校长一般由一人担任，同时应当设 1 名专职副书记；学校行政班子副职中的党员一般应当进入党组织班子。二是人员选配。选好配强学校领导班子特别是党组织书记和校长，对于确保领导体制有序运转至关重要。《意见》明确了书记校长的任职条件，强调坚持新时代正确选人用人导向，注重选拔党性强、懂教育、会管理、有威信、善于做思想政治工作的优秀党员干部担任党组织书记，着力培养政治过硬、品德高尚、业务精湛、治校有方的校长队伍。三是组织建设。以提升组织力为重点，突出政治功能，优化基层党组织设置、创新活动方式，严格党员教育管理、严肃党的组织生活，推动党建工作与教育教学、德育和思想政治工作深度融合。加强对优秀教师的政治引领和政治吸纳，健全"双培养"机制。四是条件保障。建立与中小学校党组织领导的校长负责制相适应的保障机制，健全党务工作机构，充实党务工作力量，落实党务工作队伍激励保障措施。集团化办学等类型的中小学校党组织要按照党组织隶属关系和办学实际，加强对成员学校、分支机构党建工作的领导和指导。

第五，把握五项实施要求：适用范围、文件衔接、人员调整、年度报告、稳慎推进。一是适用范围。鉴于中小学校面广量大，且办学规模、管理模式差异较大，《意见》对中小学校实行党组织领导的校长负责制的适用范围作出了差异化规定：具有独立法人资格且设立党的基层委员会、总支部委员会、支部委员会的公办中小学校（含中等职业学校），党组织发挥领导作用，公办幼儿园参照执行。民办中小学校党的工作按照有关规定执行。不具有独立法人资格或未单独设立党的支部委员会的中小学校，党组织发挥战斗堡垒作用，履行党章和中央有关规定明确的职责任务。二是文件衔接。《意见》与中组部、教育部党组印发的《关于加强中小学校党的建设工作的意见》一脉相承、有机衔接。《意见》重点是中小学校领导体制调整，围绕建立中小学校党组织领导的校长负责制这一重大制度安排，从发挥中小学校党组织领导作用、支持和保证校长行使职权、建立健全议事决策制度、完善协调运行机制等方面提出政策要求和具体规定。关于完善党建工作管理体制、提升党组织建设水平等，继续按照《关于加强中小学校党的建设工作的意见》有关要求推进落实。三是人员调整。按照《意见》关于中小学校党组织书记校长岗位设置及配备要求，部分中小学校领导配备需要进行调整。调整重点是不能适应党组织领导的校长负责制这一体制的学校及人员，特别是要选好配强党组织书记，发挥好党组织的领导作用。其中，设置为党委、党总支且原来书记、校长未分设的中小学校，要按照分设要求，选优配强党组织书记和校长；原来已分设书记、校长的中小学校，对不能适应党组织领导的校长负责制这一体制的书记也应进行适当调整。四是年度报告。学校党组织要结合年度考核向上级党组织报告执行情况，学校领导班子成员要在民主生活会、述职评议、年度工作总结中报告个人执行情况。上级党组织和有关部门要将学校贯彻执行党组织领导的校长负责制情况作为巡察监督、教育督导的重要内容和对学校领导班子、领导人员考核评价的重要参考。五是稳慎推进。针对不同类型、不同规模的学校，统筹领导班子调整、制度机制配套和学校章程修订等相关工作，在做好思想准备、组织准备、工作准备的前提下，成熟一个调整一个。通过教育培训、经验交流等方式，加强对中小学校贯彻执行党组织领导的校长负责制的工作指导，及时研究解决工作中出现的问题。

（四）落实展望

为贯彻落实党中央关于在全党大兴调查研究的工作要求，中国教育科学研究院设立"推进实施中小学校党组织领导的校长负责制"调研项目，项目组分别到北京市、广西梧州市、江苏南京市三地21所学校开展实地调研，了解《意见》落实情况。调研发现，许多中小学校还存在思想认识有偏差、队伍建设有短板、配套制度不健全、运作机制不完善、党教融合不充分等问题，阻碍了中小学校党组织领导体制改革的进程和实效。为此，须从以下5个方面着力，深入推进中小学党组织领导体制改革。

第一，整体提升宣传培训的针对性和实效性。要统筹谋划培训规划，建立健全培训制度，针对《意见》以及本地出台的配套文件开展宣传解读工作。在对象上，要加强对学校党组织书记和校长特别是副书记、党政办公室主任等重点人群的培训，着力提升学校党政干部的政策领悟能力、执行落实能力和依法治校能力。在方式上，要通过融入"国培计划"，加强对农村地区学校党政干部的培训，为农村地区推进改革创造良好的工作环境。在内容上，要加强"党组织全面领导"是集体领导、履行的是领导职责等核心理念的培训，实现领导干部思想上统一、政治上团结、行动上一致。

第二，大力打造专业化复合型的干部队伍。一是加强学校党组织书记和校长队伍建设。书记、校长是学校发展的领路人，选好用对书记、校长，是办好一所学校的关键要素。为此，首先要优化培养路径，研究制定中小学校基层党组织书记、校长素质模型，强调政治过硬、适应新时代要求、具有领导教育现代化的能力；其次要明晰选拔路径，细化党组织书记和校长的选任标准和选拔任用程序，将"政治标准"作为选人用人的第一标准；最后要创新管理制度，优化发展规划，大力打造专业化复合型书记和校长队伍。二是加强学校党员后备干部力量的有序培育。党员后备干部力量为党组织领导的校长负责制提供了人才支撑，是确保学校改革创新、稳定发展的源泉和活水。为此，首先要科学设计党政干部的成长路径，培养选拔党性观念强、专业素质强的"双强型"党员教师加入基层党组织干部队伍，作为专（兼）职副书记、党组织办公室主任、校长办公室主任等党政岗位的重要来源，作为选拔书记、校长的重要台阶，充分调动党员教师的积极性。其次，健全优秀党员教师的"双培养"工作机制，通过党员教师与优秀教师结对、互学、互助等方式，加强对优秀教师的政治引领和政治吸纳，积极将党员培养成为业务骨干，或将业务骨干培养为先进党员。

第三，着力构建系统完备的制度体系。一是完善决策制度。统一规定不同类型党组织的书记、校长的设置方式，明确规定书记、校长、党组织会议、校长办公会的职责权限和运行程序，切实推行"民主—集中—民主"的决策原则。二是完善保障制度。合理认定学校党政干部的工作成效，保障学校党政干部在津贴补助、职称评定、职务晋升等方面的合理权益，提高党员干部积极工作的主动性和自觉性。三是完善任命制度。按照"市级给政策、各区抓落实"的思路，统一规划中小学书记和校长的编制管理、职务任命、职等职级，分批分类增加学校书记、副书记等党政工作者的编制和职数，统一管理干部的职务任命、职等职级和编制分配，为学校党政干部任职提供有力的政治保障。

第四，建立健全务实高效的运行体系。一是健全沟通协商机制。书记与校长之间以及书记、校长与其他学校党政干部之间要定期沟通工作安排，围绕职责权限提前设定沟通议题，有针对性地沟通协商，凝聚统一意见，再提交有关会议决议，提升重要决策和重大工作推进的质量与效率。二是健全分工协调机制。

学校党组织会议、校长办公会议决定事项应由学校领导班子成员按分工和职责组织实施，遇到新情况新问题以致需要变更决议事项的，要及时按照程序提请召开会议复议。学校党政办（党办、校办）负责协调校内机构推进落实，书记和校长要随时掌握情况、推进落实、评估效果。三是健全内外监督机制。建立和落实领导体制改革执行情况报告制度，学校党组织会议重要决策应及时向上级党组织报告，校长办公会议应自觉接受上级部门和学校党组织的监督。学校党组织会议、校长办公会议重要事务，要坚持应公开尽公开原则，自觉接受党员、教职工、学生及家长的监督。学校党政干部要定期向学校党组织报告工作。

第五，深入推进党建与业务工作有机融合。一是学校党组织书记及校长要深刻领会"党建工作没抓好、业务工作也不可能抓好，业务工作没抓好、党建工作也一定没抓好"的内涵，主动将党建工作和业务工作统一起来谋划设计，并将其落实到工作目标、责任分工、管理考核等各个环节，确保党建和业务的有机统一、相互促进，使"两张皮"成为"一盘棋"。二是建立健全系统完备的学校党组织体系，创新党组织指导联系业务的治理结构，在行动上促进深度融合。在横向治理上，推动行政部门职能设置与党组织建设同步优化，即在党组织领导下，根据党建、思政、学生发展、教师发展等业务划分，成立若干行政管理中心，由学校党组织成员担任中心主管，一岗双责，实现党组织领导"横到边"。在纵向治理上，坚持"支部建在连上"，健全学校、学科、年级三级党组织体系，推动支部设置与教育教学活动等深度结合，压实"最后一公里"，实现党组织领导"纵到底"。三是坚持"党建＋品牌"，实现党建领导与业务发展双融双促。学校要以创建党建工作品牌为抓手，将党的领导融入学校课程教学、教师研修发展、学生全面培养、学校文化建设、家校社协同育人等方面，树品牌聚力量，引导全体教师落实党的要求、找准工作方向，进一步强化党组织对教育教学业务的全面领导，以高质量党建推动党的全面领导的制度优势转化为教育教学高质量发展的实践效能。

六、全国教育系统开展法治宣传教育的第八个五年规划（2021—2025 年）

2021 年 11 月 3 日，教育部印发关于《全国教育系统开展法治宣传教育的第八个五年规划（2021—2025 年）》（下文简称《八五普法规划》）的通知，这是教育系统第八个五年普法规划的重要指导文件。

（一）制定背景

普法是全面依法治国的基础性工作。习近平总书记在中央全面依法治国工作会议上强调，普法工作要在针对性和实效性上下功夫，特别是要加强青少年法治教育，不断提升全体公民法治意识和法治素养。《中央宣传部、司法部关于开展法治宣传教育的第八个五年规划（2021—2025 年）》中明确提出，以习近平法治思想引领全民普法工作，持续提升公民法治素养；加强青少年法治教育，全面落实《青少年法治教育大纲》，进一步完善政府、司法机关、学校、社会、家庭共同参与的青少年法治教育新格局。这对教育系统普法工作提出了新要求，明确了新方向。

为深入学习贯彻习近平法治思想，认真贯彻落实党中央、国务院关于法治宣传教育的相关工作部署，进一步提升教育系统普法工作的质量和水平，引导干部师生养成自觉守法、遇事找法、解决问题靠法的思维习惯和行为方式，迫切需要结合教育工作实际，制定教育系统法治宣传教育的第八个五年规划。在起草过程中，坚持以习近平新时代中国特色社会主义思想为指导，注重把好方向，做到旗帜鲜明讲政治；注重结合实际，根据普法对象的不同特点和实际需求统筹指导、分类实施；注重聚焦重点，强化课堂实效，加强法治实践教育，不断提升法治育人的能力和水平；注重协同创新，加强与相关单位沟通合作，努力形成多方共同参与的普法新格局。在深入开展调研、认真听取相关单位意见建议的基础上，研究制定了教育系统《八五普法规划》。

（二）重要任务

"七五"普法期间，教育系统深入学习贯彻习近平总书记全面依法治国新理念新思想新战略，特别是关于加强法治宣传教育的重要指示精神，根据国家"七五"普法规划总体要求，坚持系统规划、突出重点、分类指导、注重实效的原则，深入推进青少年宪法法治教育，推动教育系统普法依法治理工作取得了新进展，广大干部师生法治素养明显提高。但总体上看，仍存在一些问题，如部分地区对法治教育的重要地位和作用认识不深刻、定位不准确；又如法治课教师的法治素养和教学能力仍比较薄弱，亟待提升；再如法治教育课程设置和课时安排、教材建设仍有待优化，针对性、实效性还有待提升等。《八五普法规划》立足当前着眼长远，坚持问题导向、目标导向和效果导向，确立了以下重要任务。

一是坚持以习近平法治思想为引领，持续提升教育系统法治素养。强调把好政治方向，要求深入学习贯彻习近平法治思想，引导广大干部师生坚定不移走中国特色社会主义法治道路。《八五普法规划》在七五普法规划提出的"提升教师的法治观念和法律素养"任务上，扩展为"提升教育系统法治素养"。法治素养是公民法治精神、法治理念、法治意识、法治信仰、法治实践等法治要素的集中体现。持续提升教育系统法治素养，是八五普法规划提出的重要目标。

二是切实增强普法的针对性和实效性，着力推动教育系统法治宣传教育高质量发展。将青少年普法作为工作的重中之重，提出推进青少年法治教育规范化和常态化，提升法治课教师专业教学能力，结合安全、防灾减灾救灾、防范网络诈骗等内容开展日常宣传教育，将法治教育纳入中小学课后服务范围，深入开展法治实践教育。重视推进教育系统精准普法，要求分类设计普法的目标、内容、方法和途径，探索开展菜单式普法，提高普法内容的适用性和实效性。关注特殊地区和特殊群体普法，要求提供相关法治服务支持，加强民族地区普法，加大对农村、边远等地区学校的普法支持力度等。

三是深度融入教育系统依法治理，为加快教育现代化营造良好法治环境。坚持普法与依法治理有机整合的原则，推动普法与依法治教紧密结合，将普法融入教育立法过程，认真落实"谁执法谁普法""谁管理谁普法"；将普法融入学校教育教学与日常管理，体现在学生守则、教学规则、行为规范和其他管理制度中，建立健全对学生日常行为的考察评价与奖惩机制；加强学校未成年人保护、教师职业道德、教育惩戒实施等相关规章文件的学习宣传，规范和保障学校、教师依法履行职责。

（三）重点内容

一是突出以习近平法治思想为引领。要把学习贯彻习近平法治思想作为重要政治任务，推动习近平法治思想融入学校教育，纳入高校法治理论学科体系、教材体系、教学体系。将习近平法治思想概论纳入法学专业核心必修课，组织修订法学类马克思主义理论研究和建设工程重点教材，支持有条件的高校面向全体学生开设习近平法治思想公共选修课。同时，要求结合党史、新中国史、改革开放史和社会主义发展史教育，结合加强爱国主义、集体主义、社会主义教育开展法治教育，引导青少年学生厚植爱国主义情怀，坚定不移听党话、跟党走。

二是突出以宪法教育为核心内容。将宪法教育作为教育系统普法的核心内容，强调深入学习宣传宪法，重点宣传社会主义制度是中华人民共和国的根本制度，中国共产党领导是中国特色社会主义最本质的特征、是中国特色社会主义制度的最大优势。推动宪法类教材编写与修订，深入开展全国学生"学宪法讲宪法"系列活动，推动各级各类学校学生参与宪法网络学习，进一步了解宪法基础知识，树立宪法基本理念。持续开展国家宪法日教育系统"宪法晨读"特色活动等，推动宪法学习制度化、常态化。

三是突出发挥课堂教学主渠道作用。要紧紧抓住教师队伍建设这一重要环节，鼓励支持师范院校法学院（系）培养更多更专业的法治教育师资后备力量，推动高等院校在师范、法学专业培养方案中增加法学、教育学原理等相关内容。推动地方开展教师全员法治培训，努力让每位中小学教师每年接受不少于5课时的法治教育培训。推广启发式、互动式、探究式教学方法，加大情景模拟、案例教学等方法应用，加强教学行为指导和规范。加大学科融入法治教育力度，深入挖掘各类课程和教学方式中蕴含的法治教育资源。同时，推进学校主要负责同志普法，研究制订各级各类学校主要负责同志应知应会的法律法规、规章制度等知识要点，探索建立相关法治能力评测制度等，更好地提升学校依法治理能力。

四是突出推动构建多元参与的普法工作新格局。青少年法治教育是一项系统工程，需要社会各方面共同关心支持。将深入开展法治实践教育作为重要任务，提出大力推进青少年法治教育实践基地建设，完善相关组织保障机制，将青少年法治教育实践基地纳入社会实践大课堂活动场所范围，努力推动学生每年接受法治实践教育不少于 2 课时。重视推进"互联网+"法治教育，部署加强教育部全国青少年普法网等平台建设，探索建立在线学法资源平台，为干部师生学习法治知识提供便利条件。加强青少年法治教育中心建设，努力产出更多高质量研究成果。完善法治副校长制度，加强正面法治宣传引导，推动学校加强与人大、人民法院、人民检察院、公安机关、司法行政机关等单位交流沟通，共同推进青少年法治教育。

（四）贯彻落实

《八五普法规划》颁布后，教育系统积极开展普法工作取得新成效。

一是创新宪法法治教育的内容和形式。针对青少年身心发展特点，遵循宪法法治教育规律，每年组织全国学生"学宪法 讲宪法"活动，通过网络学习、主题演讲等方式，在教育系统营造学习宪法的浓厚氛围。2022 年，参与宪法网络学习的学生人次超过 76 亿，经过学习测评产生了 1.6 亿多名初步掌握宪法知识的"宪法卫士"。

二是着力提升教育教学质量。质量是教育的生命线。要牢牢抓住教师队伍建设这一关键，鼓励支持师范院校法学院（系）培养更多更专业的法治教育师资后备力量，推动高等院校在师范、法学专业培养方案中增加法学、教育学原理等相关内容，推动地方开展教师全员法治培训。提升法治课教师专业教学能力，加强教学行为指导和规范，推广启发式、互动式、探究式教学方法，加大情景模拟、案例教学等方法应用。加大学科融入法治教育力度，深入挖掘各类课程和教学方式中蕴含的法治教育资源，将法治教育纳入中小学课后服务范围，让法治教育润物无声、浸润心灵。

三是深入开展"互联网+"法治教育。认真落实教育数字化战略行动决策部署，积极推进青少年普法平台与国家智慧教育公共服务平台的对接与试用。建立健全普法数字资源开发机制，通过遴选、开发、共享、购买等多种形式，推动建立标准规范、内容丰富、动态调整、互通共享的普法资源管理体系。推动建设法治教育教学资源库，探索建立法治教育教学支持系统，提供更多更好的法治教育在线精品课程和案例素材库，努力打造线上线下相结合、课上课下相结合、校内校外相结合的中小学法治课教学新模式。

四是不断健全学校家庭社会共同参与的教育格局。推进学校主要负责人普法，研究制订各级各类学校主要负责人应知应会的法律法规、规章制度等知识要点，加强校园法治文化建设，更好地提升学校依法治理能力。密切家校合作，充分调动家长的积极性和主动性，发挥好家长在宪法法治教育中言传身教、率先垂范的重要作用。依托高校力量设立一批青少年法治教育中心，组织开展青少年法治素养测评等课题研究，不断深化青少年普法的理论研究与实践探索。

五是将普法成效纳入全国依法治校示范校创建评价指标。2022 年 4 月，教育部印发《全国依法治校示范校创建指南（中小学）》的通知（教政法厅函〔2022〕3 号），明确将"普法成效"作为全国依法治校示范校创建指南重要参考指标之一。

七、全国依法治校示范校创建指南（中小学）

（一）出台背景

为在教育系统深入贯彻落实习近平法治思想，深化依法治校，根据全国评比达标表彰工作协调小组《关于公布第三批全国创建示范活动保留项目目录的通告》，教育部决定启动全国依法治校示范校创建工作。为指导中小学依法治校和示范校创建，中华人民共和国教育部办公厅于 2022 年 1 月 13 日面向各省、自治区、直辖市教育厅（教委），新疆生产建设兵团教育局印发了《全国依法治校示范校创建指南（中小学）》（以下简称《指南》）的通知，《指南》的发布对于全国范围内学校的依法治校建设具有重大指导意义。

《全国依法治校示范校创建指南（中小学）》的发布是全面依法治国策略在学校管理领域的具体表现。《指南》旨在推动教育法治建设、提高学校管理水平并帮助学校实现依法治校的目标。它的发布是顺应时代发展的必然要求，也是推进国家治理体系和治理能力现代化的重要步骤。《指南》为学校管理提供了重要的指导，有力推动了学校依法治校工作的深入开展，为中小学生提供了更优质的教育环境和条件。

（二）重大意义

《指南》的重大意义在于推动我国教育事业的发展，加强学校的法治建设，促进学生全面发展。《指南》的出台对于提高学校管理水平、构建和谐校园具有重要意义。

1. 推动教育事业发展

《指南》是一项重要的政策文件，对于推动教育现代化具有深远而积极的意义。《指南》充分注重了教育现代化的推进，这是教育发展的必然趋势。只有紧跟时代潮流，才能更好地满足社会对优质教育资源的需求。党的二十大提出教育强国的发展目标，在这种背景下，如何利用法治思维、法治方法解决教育改革和发展中的关键问题，利用法律的方式进行学校的教育教学管理，成为当前教育系统依法执教建设中非常重要的内容。《指南》通过对学校办学理念的引领，有效地提升了学校的治理水平和治理能力，为推进教育发展、提升教育质量发挥了重要的作用。

2. 加强学校的法治建设

《指南》详细规定了学校在依法治理过程中的指标体系。这不仅是对学校管理者的要求，也是对教职员工的要求。通过明确界定学校各方的法律责任，有助于提高整个学校的法律意识，加强对依法治校的重视程度，提升中小学依法治校的能力和水平。

3. 营造学生发展的和谐环境

《指南》提出了一系列具体措施和要求，有助于促进学校的法治化建设，预防和解决校园内外的各类矛盾和问题。依法治校能够切实维护学生的合法权益。学生是学校的主体，他们享有受教育权、人身权、财产权等合法权益。通过依法治校，学校可以建立起完善的学生权益保障机制，同时也能有效地预防和解决学生管理中的各类问题，如学生欺凌、校园暴力等。这不仅能够确保学生的安全和稳定，也有助于提高学生学习的积极性和主动性。

（三）主要内容

《指南》通过"重点领域—核心要求—具体指南"三级指标划分的形式，为中小学开展全国依法治校示范校创建提供了从方向到行动的整体思路，涉及十大重点领域、38点核心要求、97个具体指标。十大领域涵盖依法治理、制度完备、管理规范、全面施教、校园平等、公正评价、充分保护、安全有序、和谐友好、救济顺畅等方面，根据其具体内容可分为治理机制、教学组织、安全建设。

1. 依法治校的基础与保障

在依法治理的背景下，学校需要建立起完备的制度和管理规范，以确保日常运作的有序和稳定。这一部分主要涉及学校治理的基础和保障，包括法律、制度、管理、安全等方面的内容。这些方面的工作是学校发展的基石，能够维护学校的稳定和安全，保障师生的权益。

第一是依法治理。学校积极完善治理机制，推进党的基层组织、校长办公会、教职工、学生及家长、社区等共同参与学校治理，在管理中结合实际践行全过程人民民主。其核心要求是：党组织发挥领导作用，决策机制完备，民主管理机制健全，家校合作顺畅，社会有效参与。

其具体指南为：（1）始终坚持党的全面领导和社会主义办学方向，全面贯彻党的教育方针。学校的党组织健全，按照党章和党规运作。（2）实行中小学校党组织领导下的校长负责制，确立了校长办公会议制度，确保高效运行。（3）建立了完备的决策程序，包括公众参与、专家论证、合法性审查和集体决策，确保与学生和教职工权益相关的决策充分透明和参与。（4）学校的权力、执行和监督相互制约和协调，管理和决策执行高效、廉洁。（5）教职工代表大会制度得到充分健全，代表能够积极参与学校民主管理。（6）学校积极鼓励学生参与学校民主管理，确保少先队、共青团、学生会和学生社团发挥作用。（7）制定了家长委员会章程和规定，确保家长委员会发挥积极作用。（8）学校加强与家长的沟通与合作，与社区建立合作机制，积极开展社区服务。（9）学校积极利用外部资源，确保法治副校长履职尽责、发挥作用。

第二是制度完备。学校建立健全以章程为核心的校内制度体系，各项制度制定程序规范、内容合法、规定合理、运行有效。其核心要求是：依法制定章程，规则体系健全，制定程序规范，制度合理有效，依法公开信息。

其具体指南为：（1）学校必须依法制定和更新章程，并提交主管部门核准或备案。（2）章程的制定程序必须规范，内容必须实际，体现学校特色，且效果明显。（3）学校必须遵循法律法规和章程制定管理制度，确保体系完善、层次清晰、科学分类。（4）学校鼓励制定教师和班级自治规则，以民主方式制定班级规则并备案。（5）制定制度必须符合法定程序，涉及师生权益制度需多方面征求意见。（6）重大规划和利益分配制度必须符合法定程序并备案。（7）规章制度必须合法合理，按照法律法规及时更新。（8）制度必须针对性强，合理得当，明确保护师生权益。（9）学校必须公开信息，接受监督。（10）规章制度公开后需向师生、家长解释和传达。

第三是管理规范。深入学习贯彻习近平法治思想，提高法治工作能力，以法治思维和法治方式治校办学。

其核心要求是：领导具备法治素养，法治工作有保障，办学自主权有保障、受监督，管理以师生为本，有效应对法律风险和纠纷。

其具体指南为：（1）领导层应按规定履行法治领导责任，遵循民主决策程序处理重大问题。（2）学校领导应具备基本法律素养，运用法治思维解决难题和推动改革。（3）确立依法治校的基本理念，制定依法治校工作规划。（4）指定领导分管法治工作，设立相应机构和人员负责法治工作。（5）聘请法律顾问参与管理，发挥积极作用。（6）明确与主管部门的职责边界，行使自主权并确保监督机制健全。（7）积极尊重和保护学校和教师的合法权益，确保其不受非法干预。（8）保障教师权益，尊重其在教学和科研中的专业自主权。（9）职能部门提供高效服务，满足师生需求。（10）法律规定和纠纷处理：管理人员熟悉法律规定，有应对纠纷的机制和案例。（11）对外活动有规范管理、合同合法性审查和法律风险评估。（12）视法治为解决内部问题的基本方式，运用信访、调解、申诉、仲裁等方法。

第四是救济顺畅。学校、教师、学生权益救济机制健全，救济顺畅，合法权益得到充分保障。

其核心要求是：救济程序完备，纠纷解决顺畅，外部衔接有效。

其具体指南为：（1）学校应依法合规地处理教师的纪律处分或其他不利处理。（2）学校建立并有效运行学生和教师申诉机制。（3）学校设立听证制度，尤其是在关乎师生的重大权益、处分、申诉事项中积极开展听证；师生有权要求进行听证，学校应按规定进行。（4）学校处理家校纠纷的机制合法，投诉举报受理与处置机制依法回应社会关切。（5）学校通过法律手段积极维护学校名誉、财产等合法权益，为师生保护自身合法权益提供支持和协助。（6）学校设立校长接待日、校长信箱等机制，接受师生的咨询、诉求、意见建议，并建立反馈机制。（7）师生的救济机制与教育主管部门、司法机关的救济机制有效衔接。（8）学校应尊重并执行主管部门的决定及司法机关的判决、裁定和决定，积极依法维护权益。

2. 学校法治的核心与目标

学校法治的核心与目标是全面施教、公正评价和充分保护。这一部分主要涉及学校教育的关键要素，包括教育方式、学生权益、评价机制等方面的内容。

这些方面的工作是学校发展的关键，能够促进学生的全面发展，提升教育质量，塑造良好的校园文化。

第一是全面施教。全面贯彻党的教育方针，健全德智体美劳全面培养的体系，落实立德树人根本任务。

其核心要求是：将党的教育方针转化为学校具体实践，规范实施法定课程，依法开展专题教育，开展适当的课外辅导和社会实践。

其具体指南为：（1）将党的教育方针法规明确摆放在学校显著位置，确保学校的文化体现党的教育方针。（2）全面贯彻党的教育方针，融入思想、道德、文化和社会实践教育。（3）确保完整的国家规定课程，包括道德、体育、美育和劳动教育，提供足够的师资和时间，确保高质量。（4）严格按照国家课程方案和标准实施教学，使教育与生产和社会实践相互结合。（5）推广校本和引进的教育课程，确保其有意义，教学效果好，符合法规。（6）合法使用教材和辅助教材，不违反规定。（7）弘扬中华传统文化、革命文化和社会主义先进文化。（8）进行法定的专题教育，如理想信念、爱国主义、核心价值观、生态、心理健康、国家安全等。（9）提供个性化学习，特别是为学业困难和有特长的学生提供额外支持，减轻负担。（10）注重培养创新、实践和社会责任感，开展多样化的实践活动。（11）丰富劳动教育和校外实践。（12）提供丰富的阅读材料，鼓励学生培养良好的阅读习惯。

第二是公正评价。学校、教师公正行使管理权、评价权，相关评审评比评优竞赛制度健全，学风、校风公平公正、风清气正。

其核心要求是：教师评价考核制度完备，评价学生客观公正，奖惩公平公正。

其具体指南为：（1）建立公平的教师招聘、职务晋升和绩效评估制度。（2）确保资源公平分配，奖励优秀的一线教师和班主任。（3）设定明确的绩效评估标准，确保评估公平透明。（4）制定客观标准，评估学生的品行、日常表现和综合素质，鼓励积极进步。（5）确保作业和试卷评分公平、科学和客观。（6）建立清晰的奖励体系，确保评选规则透明公正。（7）学校应公正管理违纪学生的行为。（8）培训教师熟悉相关法规，建立健全校规校纪，提高正确实施教育惩戒的能力，杜绝违规行为。

第三是充分保护。落实法律法规规章规定的未成年学生保护职责，建立健全学生权益保护机制，学生权益得到充分保护，成效明显。

其核心要求是：保护机构健全，工作机制完善，全面实施保护。

其具体指南为：（1）学校领导和教职工充分认识未成年学生保护职责，贯彻法规。（2）学校设立专职的未成年人保护专员和明确学生保护工作机构。（3）学校组建学生保护委员会，统筹负责学生权益保护和制度建设。（4）学校建立学生欺凌防控机制，迅速处理欺凌事件。（5）学校提供专业辅导，帮助学生矫正不良行为。（6）学校严格入职查询，监测学生宿舍和心理健康。（7）学校强制报告家庭暴力、虐待等不法侵害事件。（8）学校尊重学生权益，保护个人信息。（9）学校进行网络安全教育，防止网络沉迷。

3. 学校环境的优化与改善

学校环境的优化与改善是学校发展的重要方面，这一部分主要涉及和谐友好、安全有序和校园平等等方面的内容。这些方面的工作能够促进学校与社会的互动，增强学校的社会责任感，提高学校的声誉和形象，同时有助于解决学生在学习和生活中遇到的问题，促进学生的健康成长。

第一是和谐友好。校园有鲜明的文化特点，校园环境友好和谐，法治氛围浓厚。

其核心要求是：环境建设依法合规，校园周边安全，师生关系和谐，普法成效突出。

其具体指南为：（1）确保校园规划合理，清洁整洁，建筑和教学设施符合标准，包括无障碍设施。（2）建立安全区域制度，防止不良周边环境，促进学生身心健康成长。（3）培养优秀教师，推崇职业操守、文明行为，为学生树立表率。（4）鼓励积极参与学校活动，维护文明行为，尊重师长。（5）实施《青少年法治教育大纲》，建立普法工作机制，包括法治校本课程和专题教育活动。（6）积极组织学生参与国家宪法教育活动，鼓励取得优异成绩。

第二是安全有序。学校建立健全安全管理制度，落实安全管理责任，有效预防和处理安全事故，充分保障校园安全。

其核心要求是：安全管理制度完备，安全风险防控体系健全，处理安全事故依法妥当。

其具体指南为：（1）学校必须遵守国家和地方的安全标准，定期检查校园设施，确保无安全隐患。（2）学校应建立并贯彻各项安全管理制度，明确责任分工。（3）学校要有专门负责安全的领导和工作人员，并提供必要的安保人员培训。他们需要了解安全常识、法律法规，以及应对紧急情况的方法。（4）学校食堂必须保持食品卫生，同时设立校长陪餐和家长开放日。（5）学校要开展定期的安全教育，根据学生的特点，进行有针对性的安全培训，并定期组织应急演练。（6）学校需要建立安全预防和处理机制，包括安全风险管理和紧急预案，以及警校协作。（7）学校要保持校园的封闭管理，并设立校门口的防护设施，以防止非法进入。（8）学校全体成员购买责任险或校园综合险，以建立社会化的风险分担机制。（9）学校必须有效地预防和避免严重的学校责任事故。（10）学校发生安全事故时，需要积极与政府和社会组织合作，合法处理"校闹"行为。

第三是校园平等。学校将平等理念融入教育教学和管理全过程，促进校园平等。

其核心要求是：招生平等，师生关系平等，建立特别支持措施。

其具体指南为：（1）严格依法招生，确保公平、公正，不歧视，招生行为透明，接受监督。（2）平等录取学生，包括随迁子女和有特殊需求的学生，均衡编班。（3）教师平等对待、关心学生，不区别对待学生。（4）尊重学生人身权利和个人隐私。（5）纠正可能造成歧视的行为。（6）实施融合教育，保障残疾学生平等接受教育。（7）向经济困难学生和特殊需求学生提供资助。（8）保护学生档案和隐私。（9）建立辅导机制，鼓励学习困难学生。

（四）落实展望

首先，各地教育系统应当加强组织领导，健全工作机制，制定工作计划、落实工作督导，着手启动本地区依法治校示范校创建工作。在这项工作中，各地教育行政部门和各级各类学校要抓好关键少数的学习，充分落实《指南》的有关要求。其中，高等学校和中小学校的示范创建，分别按照《高等学校法治工作测评指标》和《指南》实施。

其次，各地开展依法治校示范校创建工作，要注意以下要点：第一是要坚持改革创新，聚焦实际问题，引导学校运用法治思维和法治方式破解难题、推进改革；第二是要结合学校评价改革，推动形成生动活泼、规范有序的学校育人环境和健全德智体美劳全面培养的教育体系；第三是要深化"放管服"改革，转变管理方式，为学校依法治校创造条件、提供支持，保障学校依法自主办学。

最后，各地的示范校创建工作要突出引领性、创新性、实效性，形成具有显著影响的实践经验和制度成果，整体提升学校依法治理水平。通过示范校的引领，带动区域和全国依法治校工作的全面提升。

八、高等学校法治工作测评指标

（一）出台背景

高等学校是重要的社会组织，社会关注度高。高等教育领域全面推进依法治校、加强法治工作，是学习贯彻习近平总书记全面依法治国新理念新思想新战略的一项重大政治任务，也是破解当前高等学校改革发展面临的突出问题、推进治理体系和治理能力现代化的必然要求。教育部党组高度重视高等学校法治工作。自 2012 年《全面推进依法治校实施纲要》发布以来，高校法治工作取得了积极进展，为高校改革发展提供了有力的支撑和保障。实践中一些学校法治意识不强、法治能力不足，违法决策、任性管理、侵权塞责等现象仍然存在。随着高等教育改革深入推进，高校办学自主权逐步落实，高校内外部环境愈加复杂、治理难度越来越大。特别是近年来高校办学、管理活动越来越多纳入司法审查范畴，涉及高校的各类复议、诉讼案件逐年增加，如何有效规避法律风险、依法维护学校权益成为高校面临的重要课题，迫切需要进一步加强高校法治工作。

　　为解决高校法治工作中面临的突出问题，2018 年以来，教育部围绕高等学校法治工作意见起草工作进行了深入研究、广泛调研，围绕学生管理、后勤管理、人事管理等 11 个关键法律问题进行课题研究。形成征求意见稿后，提交于 2018 年 11 月召开的全国教育法治工作会议讨论。此后，又征求了各省级教育部门、部属高校、部省合建高校和法学专家意见。经深入调研论证和修改完善，并经教育部党组会审议通过，在 2020 年出台了《教育部关于进一步加强高等学校法治工作的意见》。

　　之后，为深入贯彻落实习近平法治思想和习近平总书记关于教育的重要论述，全面推进依法治教、依法办学、依法治校，加强高等学校法治工作，推动高校提高治理体系和治理能力现代化水平，根据有关法律法规和《教育部关于进一步加强高等学校法治工作的意见》，教育部在 2021 年 3 月 29 日发布了《关于印发〈高等学校法治工作测评指标〉的通知》，正式发布了《高等学校法治工作测评指标》（以下简称《指标》）。

　　《指标》的颁布，是对《全面推进依法治校实施纲要》和《教育部关于进一步加强高等学校法治工作的意见》具体内容的细化，为高等学校加强法治工作提供了具体的操作指引，也为高等学校法治工作的考核评估提供了工具。

（二）主要内容

　　《指标》共分为八个一级指标、三十六个二级指标以及一些细化的三级指标，另外还有法治工作创新的五个一级指标、六个二级指标。

　　第一个一级指标是领导和工作推动机制。共分为党政主要负责人履行推进法治工作第一责任人职责，把法治工作纳入学校整体规划，校领导分管法治工作，领导干部法治考评，加强对部门的法治工作考核，建立学校法治工作报告制度等六个二级指标。

　　第二个一级指标是规章制度建设。共分为推进学校章程的学习宣传，利用章程修订完善推进制度创新，形成以章程为核心的学校规章制度体系，健全校内规范性文件管理机制，推动校内规范性文件管理信息化和公开化等五个二级指标。

第三个一级指标是内部治理结构。共分为落实重大决策程序要求，校院治理体系，法治工作机构及其负责人参与学校决策，健全学术规范和学术委员会运行机制，健全民主参与机制，健全信息公开机制等六个二级指标。

第四个一级指标是法律风险防控。共分为健全合同管理制度，加强对外签署合同的审查；梳理法律风险清单并明确处置办法；健全师生人身伤害事故纠纷的预防处置和风险分担机制等三个二级指标。

第五个一级指标是师生法治教育。共分为把学习宣传宪法摆在普法工作的首要位置，制定学校普法规划，开展法治文化建设，建立领导干部、教师学法制度等四个二级指标。

第六个一级指标是师生权益保护。共分为对师生的处理、处分做到程序正当；建立健全师生校内权益救济制度等两个二级指标。

第七个一级指标是法治工作机构和队伍建设。共分为有机构负责法治工作，法治工作机构适应学校规模和管理需求配齐配足工作人员，法治工作机构负责人、工作人员具备履职能力，建立法律顾问制度，建立法治工作联络员制度，加强法治工作机构条件保障等六个二级指标。

第八个一级指标是法治工作成效。共分为学校治理体系和治理能力现代化水平显著提升，领导干部带头遵纪守法，依法管理水平逐步提高；法治工作业务水平显著提升，保障学校各项事业有序发展；教师、学生法律意识较强；校内申诉渠道畅通，及时、有效处理教职工和学生的申诉等四个二级指标。

上述指标分别赋予分值，共计100分。

《指标》还附有法治工作创新的附加项，共分为修订章程、探索开展师生法律服务或援助工作、创新风险分担机制、探索建立总法律顾问制度、法治工作经验被奖励或者推广等五个一级指标，共计10分。

另外在对学校法治工作进行实际测评中，学校对评测项目在赋分时可以根据实际达到程度选择0%、50%、80%和100%四个档次。

（三）落实展望

根据《关于印发〈高等学校法治工作测评指标〉的通知》的有关要求，各级教育行政部门和各高等学校在落实《指标》的时候应当做好以下工作。

首先，各地、各校要认真对照《指标》，通过测评查漏补缺，以评促建，提高学校法治工作规范化、科学化水平，服务学校高质量发展。

其次，部属各高等学校、部省合建各高等学校要按照《指标》组织自评，将自评报告作为年度法治工作报告的内容报送教育部（政策法规司）。自评过程中要坚持实事求是，力戒形式主义，不得弄虚作假。各省级教育行政部门可参照《指标》组织地方高校开展测评工作。

再次，《指标》所附的"法治工作成效满意度调查问卷"，用于学校组织师生对本校法治工作成效和法治工作认可度进行主观测评。学校可以结合实际需要，进一步完善、创新满意度测评的内容和方式，以科学、适当的方式对师生进行调查。调查结果作为衡量《指标》测评结果和改进工作的参考。

最后，教育部将适时委托第三方评估机构对高校法治工作自评情况进行复核，复核结果以适当方式反馈学校。自评和第三方测评结果，不作排名，不上网公示，但可作为对学校开展综合评价、督导评估、专项巡视的参考。

鉴于以上要求，各高等学校应当认真对照《指标》的有关要求，真正树立法治观念，对有关指标逐条加以落实，确实将法治工作落实到学校教育与管理的实际工作当中，提升我国高等学校依法治校的工作水平，为推进依法治教、建设社会主义法治国家奠定良好的基础。

第三章
中国教育法治年度案例（2021—2022）

2021—2022 年，教育司法和重要教育案件的处置在贯彻习近平法治思想和习近平总书记关于教育的重要论述，深入推进依法治教，促进教育法治建设等方面发挥了重要作用。

一、2021—2022 年教育法治案例综述

（一）行政复议和行政诉讼是依法解决纠纷的重要手段

运用行政复议和行政诉讼有效解决教育纠纷，是教育法治化水平不断提高的重要体现。从 2011 年开始，行政复议和行政诉讼案件就基本呈现上升趋势。（见图 3—1）2021 年，教育部共办理行政复议案件 64 件，行政诉讼案件 31 件；2022 年，教育部共办理行政复议案件 106 件，行政诉讼案件 79 件。[①]2021 年两类案件迅速减少主要是受新冠疫情等因素的影响，2022 年随着疫情逐渐好转，案件数量重拾上升趋势。也就是说，除却疫情因素的影响，行政复议和行政诉讼依然有效发挥出指导和解决实际问题的重要功能，依然是依法解决教育纠纷的终极途径之一。

---

① 教育部统计数据。

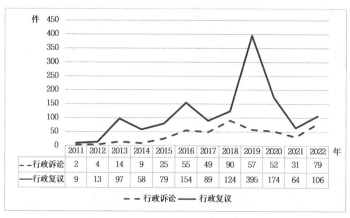

	2011	2012	2013	2014	2015	2016	2017	2018	2019	2020	2021	2022	年
行政诉讼	2	4	14	9	25	55	49	90	57	52	31	79	
行政复议	9	13	97	58	79	154	89	124	395	174	64	106	

图 3—1　2011—2022 年教育部受理案件情况

（二）新法规为教育司法提供新依据和新工具

《中华人民共和国家庭教育促进法》、《中华人民共和国未成年人保护法（2020 年修正）》、《中小学教育惩戒规则（试行）》等法律法规的施行，为教育案件判处提供了新的价值判断和司法依据。《中华人民共和国家庭教育促进法》为司法机关提供了依法约束惩治"养而不教、监而不管"行为的新手段——"家庭教育指导令"。据人民网统计，到 2022 年底，全国各级法院发出家庭教育指导令 10,308 份，单独或联合有关部门建立家庭教育指导工作机构 837 个，开展家庭教育指导 38,080 次，为推动未成年人权益保护和犯罪预防工作发挥了重要作用。[①]

《中小学教育惩戒规则（试行）》为学校和教师的惩戒行为赋予了正当性的司法价值判断，回答了惩戒主体合法性、教育惩戒理由合理性、教育惩戒方式适切性和惩戒程序正当性的法治依据，明确了司法审查判断依据，既在相关案件的判罚中发挥了重要作用，也充分保障了学校、教师、学生的尊严和权益。

（三）司法判例为新热点问题提供法治参考

近些年，教育领域出现了一些新热点问题。如外籍教师管理问题、互联网

---

① 最高法、全国妇联发文 促进家长依法履行家庭教育职责 [N/OL]. 人民网 .（2023–05–30）. http://society. people.com.cn/n1/2023/0530/c1008-40002283.html.

数据公司的知识产权侵权问题等，这些问题解决不好，会形成教育风险，阻碍教育事业健康发展。将新问题纳入法治轨道，是教育法治发展的新挑战和新需要。教育司法已经触及了这些新问题，形成了一些经典案例，如本章中的外籍教师杀人案、某网知识产权侵权案等。相关判例在指导司法实践、推动司法适用、依法保障相关主体权益方面具有重要的法治意义，对外籍教师管理、知识产权治理等教育领域新问题的依法治理具有重要启示意义。

（四）社会长期关注的热点问题依然需要法治发力

学风建设、考试舞弊、教师涉性案件等长期引发社会关注的教育"毒瘤"问题依然是典型案件的重点。相关案件显示出几个特征。一是老问题出现新现象，如学术学风建设中出现国外"水文凭"，对高质量办学提出新挑战。二是涉案主体复杂化，如考试舞弊中出现考场学校师生与校外培训机构勾连，有组织共同作案，对教育公平造成严重破坏。三是教师涉性问题仍较突出，覆盖了从小学到大学的各级各类教育，对学生身心带来难以弥补的损害。老问题的新变化，说明这些问题已成为教育领域长期的难点，依法治理任重道远。攻坚克难，解决问题，依然需要充分发挥司法的惩戒、调整、教育等功能，立法、执法、司法一体化，法治、德治相结合，综合法治发力。

二、2021—2022 年度典型案例

案例一　"水博士"事件

【案情简介】

2022 年，某高等学院引进博士一事引发社会关注。某高等学院为了提升自己学校的博士率，内部选拔一批硕士学位的老师，前往菲律宾亚当森大学留学，从而获得博士学位，再以人才引进的方式，高薪返聘回学院。菲律宾亚当森大

学已被列入教育部"学历学位认证加强认证审查"的名单，学位质量"水"。对此，湖南省委省政府高度重视，省教育厅立即成立调查组进驻学院进行调查。7月24日，湖南省教育厅发布《关于某高等学院引进博士有关情况的通报》。经查，某高等学院没有结合学院发展实际科学制订师资队伍建设规划，在博士人才引进等方面存在不当做法。学院党委在此过程中论证不充分、决策不科学、工作不严谨，党委书记彭某负有主要领导责任。省教育厅已责成某高等学院纠正不当做法。省委对彭某给予免职处理。

【司法分析】

本案是高等学校高质量办学的反面典型。

首先，学校的做法与法律精神相左。《中华人民共和国高等教育法》第五十一条规定："高等学校应当为教师参加培训、开展科学研究和进行学术交流提供便利条件。"学校鼓励教师进修博士符合法律规定。但是，法律也明确了，高等教育的任务是培养具有社会责任感、创新精神和实践能力的高级专门人才，发展科学技术文化，促进社会主义现代化建设。简言之，学校办学的任务是切实提高教育质量，培养和提升教师水平也是以这个任务为前提的，而不是简单地提升教师队伍的博士比例。只唯学历，不看水平和质量，与《中华人民共和国高等教育法》背道而驰。

再次，该校党委没有依法履行好职责。《中华人民共和国高等教育法》第三十九条规定了"国家举办的高等学校实行中国共产党高等学校基层委员会领导下的校长负责制"。同时规定，学校党委的领导职责之一是，讨论决定学校的改革、发展和基本管理制度等重大事项，保证以培养人才为中心的各项任务的完成。《中国共产党普通高等学校基层组织工作条例》也规定了高校党组织工作原则，其中之一就是："坚持高校党的建设与人才培养、科学研究、社会服务、文化传承创新、国际交流合作等深度融合，为高校改革发展稳定、完成党和国家重大战略任务提供思想保证、政治保证、组织保证"。显然，该校党组织"论证不充分、决策不科学、工作不严谨"属于没有依法履行好职责的情形，因此，对党委书记予以免职是恰当的。

【司法启示】

"水博士""水文凭"已经成为教育界普遍关注的现象。一方面，提醒我们加快完善海外学历的认证与评估的法规体系。《国（境）外学历学位认证办法》在学历认证上只注重真实性认证，而对质量认证不足，仅审查"证书相关课程的质量保障情况"，对论文质量等学术水平相关内容审查存在规定漏洞，容易被国外低质量学历学位教育利用。需要尽快研究完善质量评估方面的规定，让国外学历学位教育切实成为我国高质量人才的重要来源。

另一方面，高等学校办学要坚持破"五唯"，不能唯论文、唯帽子、唯职称、唯学历、唯奖项。高校应树立以学校发展需求为导向的引人用人机制，找准自身特色，差异化发展，不盲目"跟风"。高校还应树立正确人才导向，有定力，重能力，不功利，建立科学的人才引进、使用、管理和激励机制，切实推动教师质量全面提升。

案例二　外籍教师杀人案

【案情简介】

2022年8月25日，浙江高院判处美籍黑人教师S因感情纠纷故意杀人罪死刑。浙江省宁波市中级人民法院一审审理查明：2013年6月，被告人S来华工作，后结婚并育有一子。2019年3月左右，S与妻子分居，2021年5月6日离婚。2019年初，S谎称离异单身，与被害人陈某某（女，殁年21岁）建立男女朋友关系。自2021年5月中下旬后，陈某某多次提出分手，S不同意并对陈某某进行言语威胁。同年6月14日20时许，S将陈某某约至宁波市通途路清水桥路口公交车站附近交谈，21时48分许持事先准备的折叠刀捅刺、切割陈某某颈部、面部数刀，致陈某某大出血当场死亡。宁波市中级人民法院根据被告人S犯罪的事实、性质、情节和后果，依法以故意杀人罪判处其死刑。

一审宣判后，被告人S提出上诉。浙江省高级人民法院依法公开开庭审理了本案，认为宁波市中级人民法院认定的事实清楚，证据确实、充分，定罪准确，量刑适当，审判程序合法，遂裁定驳回上诉，维持原判，并依法报请最高人民法院核准。

浙江省高级人民法院审理期间，依法保障了被告人S和被害人亲属的各项诉讼权利。法院为S指派的两名辩护律师、聘请的翻译人员、被害人的诉讼代理人均到庭参加宣判。美国驻上海总领事馆官员、人大代表、政协委员、各界群众共计 20 余人旁听了宣判。

【司法分析】

本案事实清楚，证据确凿，司法上并不存在难点。

首先，被告人属于《中华人民共和国刑法》（以下简称《刑法》）司法管辖范畴。被告人具有美国国籍，不具有中国籍。依据《刑法》第六条第一款规定："凡在中华人民共和国领域内犯罪的，除法律有特别规定的以外，都适用本法"，被告人在中国宁波市杀人，且不具有特别情形，应当适用《刑法》追究其刑事责任。

其次，被告人被判处死刑是恰当的。被告人捅刺、切割被害人颈部、面部多刀，致使被害人死亡。依据《刑法》第二百三十二条规定："故意杀人的，处死刑、无期徒刑或者十年以上有期徒刑；情节较轻的，处三年以上十年以下有期徒刑"，本案被告人犯罪动机特别卑劣、手段特别残忍、情节特别恶劣、后果特别严重，应当判处死刑。

再次，判处被告人死刑符合法定程序。被告人属于外国人。依据《中华人民共和国刑事诉讼法》（以下简称《刑事诉讼法》）第十七条第一款规定："对于外国人犯罪应当追究刑事责任的，适用本法的规定"，被告人是外国人且无外交特权，应当适用《刑事诉讼法》追究其刑事责任。同时，依据《刑事诉讼法》第二十一条和第二十五条，根据本案的属地和死刑性质，宁波中院作为一审法院、浙江高院作为终审法院均符合法定程序。

【司法启示】

近些年，在中国从事教育活动的外籍教师违法违纪事件频发。以外籍教师违法为关键词搜索，有 493 万条信息，猥亵、强奸、吸毒等犯罪行为和违反教学纪律、散播不当言论等违反职业准则行为屡见不鲜。2019 年 12 月，教育部曝光了一起郑州大学某外籍教师违反教师职业行为十项准则的典型案例，其中，根据学校外籍教师管理办法，注销了涉事外籍教师外国人来华工作证，并办理居留许可注销手续，限期离境。

重拳整治"外教乱象"，需要尽快完善相关法律法规。原有的教师管理法律法规体系与调整外籍教师出现的新问题存在脱节。《外籍教师聘任和管理办法》尚处于征求意见阶段，还不能具体应用。因此，需要尽快颁布出台《外籍教师聘任和管理办法》，依法进行管理，做到对象全覆盖、监管无死角，多部门协同联动、监管有合力，信用档案无遗漏、监管全链条。

案例三　学校教师涉性案件

【案情简介】

2022—2023 年，教育部公布了 35 起 2021—2022 年违反教师职业行为十项准则典型案例，其中，涉性案例就有 13 起，其中高等院校 7 起，中小学 6 起。

一是某财经大学教师乌某性骚扰学生问题。2018 年 9 月，乌某对本校女学生进行性骚扰，2021 年 9 月，乌某被该学生举报并查实。乌某的行为违反了《新时代高校教师职业行为十项准则》第六项规定。根据《中国共产党纪律处分条例》《事业单位工作人员处分暂行规定》《教育部关于高校教师师德失范行为处理的指导意见》等相关规定，给予乌某开除党籍处分，岗位等级由三级教授降为九级科员，撤销其所获荣誉、称号，撤销其教师资格，列入教师资格限制库。对其所在学院党政主要负责人给予诫勉谈话处理，其所在学院党政主要负责人向学校作出检讨。

二是某农业大学教师高某性骚扰女学生、违反工作和廉洁纪律问题。2020 年 12 月至 2021 年 7 月，高某多次对本校女学生进行性骚扰，此外，高某还存在违反工作和廉洁纪律的行为。高某的行为违反了《新时代高校教师职业行为十项准则》第六项规定。根据《中国共产党纪律处分条例》《事业单位工作人员处分暂行规定》《教育部关于高校教师师德失范行为处理的指导意见》等相关规定，给予高某撤销党内职务和行政职务、降低岗位等级处分，撤销其教师资格，列入教师资格限制库。责令其所在学院党委和党委主要负责人作出书面检查。

三是天津某大学教师李某某违规使用经费、与学生发生不正当关系问题。2008 年至 2013 年期间，李某某违规支出 9 项差旅费，学校对李某某进行批评教育并责令退还报销经费。2020 年至 2021 年期间，李某某与学生存在不正当关系。李某某的行为违反了《新时代高校教师职业行为十项准则》第六项规定。根据《事业单位工作人员处分暂行规定》《教育部关于高校教师师德失范行为处理的指导意见》等相关规定，给予李某某降低岗位等级处分，作出解聘处理，撤销其教师资格，列入教师资格限制库。对其所在单位党政主要负责人进行约谈和诫勉谈话，责令作出书面检查。

四是广西某小学教师覃某某猥亵学生问题。2021年4月，覃某某猥亵多名女学生，被刑事拘留，判处有期徒刑十年。覃某某的行为违反了《新时代中小学教师职业行为十项准则》第七项规定。根据《事业单位工作人员处分暂行规定》《中小学教师违反职业道德行为处理办法（2018年修订）》等相关规定，给予覃某某开除公职处分，撤销其教师资格，列入教师资格限制库。对其所在学校校长和有关负责人作出严肃处理。

五是广东某大学教师杨某某性侵女学生未遂问题。2021年7月，杨某某酒后对女学生图谋不轨，因涉嫌强奸罪被刑事拘留，后判处有期徒刑一年六个月。杨某某的行为违反了《新时代高校教师职业行为十项准则》第六项规定。根据《事业单位工作人员处分暂行规定》《教育部关于高校教师师德失范行为处理的指导意见》等相关规定，给予杨某某开除处分，撤销其教师资格，列入教师资格限制库，终身不得重新申请认定教师资格。其所在部门党政负责人向学校作出书面检讨。

六是浙江某小学教师顾某某猥亵学生问题。2022年11月，顾某某因在校外辅导期间对多名学生实施猥亵被判处有期徒刑五年四个月。顾某某的行为违反了《新时代中小学教师职业行为十项准则》第七项规定。根据《事业单位工作人员处分暂行规定》《中小学教师违反职业道德行为处理办法（2018年修订）》《关于落实从业禁止制度的意见》等相关规定，撤销顾某某教师资格，列入教师资格限制库，终身不得重新申请认定教师资格，禁止其从事密切接触未成年人工作。给予其所在学校校长解聘处理，学校2022年度考核结果不合格，并在教育系统内通报批评。

七是辽宁某大学教师何某性骚扰女学生问题。2022年7月，何某通过微信多次对学生进行性骚扰被实名举报，经查属实。何某的行为违反了《新时代高校教师职业行为十项准则》第六项规定。根据《事业单位工作人员处分暂行规定》《教育部关于高校教师师德失范行为处理的指导意见》等相关规定，给予何某免职处理，调离工作岗位，移交学校纪委立案处理，撤销其教师资格，列入教师资格限制库，撤销其所获各类荣誉、称号。对其所在学院党总支书记、院长、副书记诚勉谈话，责令院党总支向校党委作书面检讨。

八是湖北某大学教师张某某性骚扰学生问题。自2019年9月起，张某某通过发送暧昧言语、不雅图片和视频，以及肢体接触等方式对女学生进行性骚扰。张某某的行为违反了《新时代高校教师职业行为十项准则》第六项规定。根据《事业单位工作人员处分暂行规定》《教育部关于高校教师师德失范行为处理的指导意见》等相关规定，给予张某某记过处分，取消其研究生导师资格，撤销其教师资格，列入教师资格限制库，调离教师岗位。对所在学院党委书记、院长进行问责通报。

九是湖南某中学教师周某某猥亵学生问题。2021年上半年至2022年5月期间，周某某多次猥亵、强制猥亵未成年女学生，2022年11月被法院判处有期徒刑八年。周某某的行为违反了《新时代中小学教师职业行为十项准则》第七项规定。根据《事业单位工作人员处分暂行规定》《中小学教师违反职业道德行为处理办法（2018年修订）》《关于落实从业禁止制度的意见》等相关规定，给予周某某开除处分，撤销其教师资格，列入教师资格限制库，终身不得重新申请认定教师资格，终身禁止其从事密切接触未成年人的工作。对所在学校校长给予党内警告处分，对党支部书记和副校长分别予以诚勉谈话。

十是海南某中学教师陈某某性骚扰学生问题。2022年6月，陈某某通过微信对本校已毕业女学生发送淫秽言语。陈某某的行为违反了《新时代中小学教师职业行为十项准则》第七项规定。根据《事业单位工作人员处分暂行规定》《中小学教师违反职业道德行为处理办法（2018年修订）》等相关规定，给予陈某某降低岗位等级处分，撤销其教师资格，列入教师资格限制库，调整至其他岗位。对所在学校领导班子进行通报批评，责成作出检讨。

十一是山东某学校教师张某不雅行为问题。2021年8月，张某拍摄并在网上保存不雅视频，后被泄露。张某的行为违反了《新时代高校教师职业行为十项准则》第六项规定。根据《中国共产党纪律处分条例》《事业单位工作人员处分暂行规定》《教育部关于高校教师师德失范行为处理的指导意见》等相关规定，给予张某党内严重警告处分，给予其撤职、专业技术岗位等级由十级降至十一级等处分，并调离教师岗位。对所在系党支部书记、行政副主任进行约谈，责成系党组织向学校党委作出深刻检查。

十二是四川某学校教师徐某骚扰学生问题。2022年12月，徐某因引诱、侮辱女学生，公安部门依法对其处以行政拘留处罚。徐某的行为违反了《新时代中小学教师职业行为十项准则》第五项规定。根据《中小学教师违反职业道德行为处理办法（2018年修订）》等相关规定，给予徐某解聘处理，撤销其教师资格，列入教师资格限制库。对所在学校党支部书记、校长，德育主任进行立案审查，对校务监督委员会主任进行诫勉谈话。

十三是贵州某小学教师吴某某猥亵多名学生问题。2022年12月，吴某某因多次猥亵多名不满12周岁的学生被法院判处有期徒刑十四年。吴某某的行为违反了《新时代中小学教师职业行为十项准则》第七项规定。根据《事业单位工作人员处分暂行规定》《中小学教师违反职业道德行为处理办法（2018年修订）》《关于落实从业禁止制度的意见》等相关规定，给予吴某某开除处分，撤销其教师资格，列入教师资格限制库，终身不得重新申请认定教师资格，终身禁止其从事密切接触未成年人的工作。对所在学校校长进行诫勉谈话并作免职处理。

【司法分析】

13个案例凸显了学校涉性违法违规行为的严重程度。根据行为性质，分为犯罪、违法、违规等情形。

第一，教师性侵、猥亵等行为是触犯刑法的犯罪行为。以暴力、胁迫或者其他手段强奸妇女的，构成强奸罪；奸淫不满十四周岁的幼女的，以强奸论，从重处罚；以暴力、胁迫或者其他方法强制猥亵他人或者侮辱妇女的，构成强制猥亵、侮辱罪。

第二，教师性骚扰行为是违法行为。教师发送淫秽、侮辱、恐吓或者其他信息，已经触犯了《中华人民共和国治安管理处罚法》。《中华人民共和国妇女权益保障法》也规定，禁止对妇女实施性骚扰；性骚扰属于品行不良、侮辱学生，影响恶劣的行为，违反《中华人民共和国教师法》的相关规定。同时，依据《中华人民共和国民法典》，教师违背学生意愿，以言语、文字、图像、肢体行为等方式对他人实施性骚扰的，受害学生有权依法请求行为人承担民事责任。

第三，教师行业的专门规章制度适用对教师性骚扰的处罚。《新时代高校教师职业行为十项准则》第六项规定，不得与学生发生任何不正当关系，严禁任何形式的猥亵、性骚扰行为。在具体处罚过程中，适用《中国共产党纪律处分条例》《事业单位工作人员处分暂行规定》《教育部关于高校教师师德失范行为处理的指导意见》等相关规定，对涉案教师进行处罚。

【司法启示】

涉性案件是教师违法违规的重灾区，形式多样，影响恶劣。2021—2022 两年间，不仅是这 13 起案件，还有多起涉性舆情。这些案件的发生令人警醒，值得深思。

一是学校应当主动承担防治教师性骚扰和性侵犯的责任。依据《中华人民共和国民法典》第一千零一十条规定，学校等应当采取合理的预防、受理投诉、调查处置等措施，防止和制止利用职权、从属关系等实施性骚扰。特别是有直接利害关系的师生从属关系中，易发生性骚扰和性侵犯。学校应当高度重视，建立健全科学完备的反性骚扰性侵犯制度和行之有效的流程规范，完善防治机制。

二是加强教师队伍的规范。需要加强教师师德教育和权力监督，强化师德师风巡视，定期对教职工开展警示教育、日常督导和有关反性骚扰反性侵犯的培训，防止以权谋私，并加大对有性骚扰行为教师的惩罚力度，做到警钟长鸣，形成"不敢、不想、不能"的体制氛围。

三是加强学生防范教育。开设反性骚扰的相关课程、讲座，在学生中普及性骚扰、性侵犯维权的相关知识，包括维权意识教育、自我保护意识及方法教育、应对措施教育。学校应该通过宣传手册、公告、讲座等方式告知学生相关权利，使其了解什么是性骚扰和性侵犯，如何防止性骚扰、性侵犯发生，以及受到性骚扰、性侵犯之后应该怎么办。

四是学校应建立专门的反性骚扰心理干预和法律援助机构，为受害学生提供切实的帮助，鼓励学生加强自我保护，使受害者在遭遇侵害时无后顾之忧，敢于主动维护自己的权益。

案例四　大学教师学术不端案

【案情简介】

2022 年 8 月，经认定，某大学教师许某在某期刊上发表的论文存在研究内容剽窃、过程中擅自标注他人国家自然科学基金面上项目的行为。许某的行为违反了《新时代高校教师职业行为十项准则》第七项规定。根据《中国共产党纪律处分条例》《事业单位工作人员处分暂行规定》《教育部关于高校教师师德失范行为处理的指导意见》等相关规定，给予许某党内严重警告处分，记过处分，撤销其教授任职资格，取消其研究生导师资格，取消其三年内在评奖评优、职务晋升、职称评定、申报人才计划、申报科研项目等方面资格。对所在学院党政主要负责人进行诫勉谈话，责成作出检讨。

【司法分析】

本案是一起典型的因学术不端而产生的违反教师职业行为案件。

许某在某期刊上发表的论文存在研究内容剽窃，属于《高等学校预防与处理学术不端行为办法》规定的剽窃、抄袭、侵占他人学术成果的情形；过程中擅自标注他人国家自然科学基金面上项目的行为，属于《高等学校预防与处理学术不端行为办法》规定的未参加研究或创作而在研究成果、学术论文上署名情形。因此，应认定许某存在学术不端行为。

《新时代高校教师职业行为十项准则》第七项遵守学术规范的规定中，明确要求反对学术不端，不得抄袭剽窃、篡改侵吞他人学术成果。显然许某的学术不端行为违反了该项准则，应当受到处罚。

在具体处罚过程中，适用《中国共产党纪律处分条例》《事业单位工作人员处分暂行规定》《教育部关于高校教师师德失范行为处理的指导意见》等相关规定，对涉案教师进行处罚。

【司法启示】

治理高校学术不端的制度体系正在逐步完善和健全，关键还是要用好法治思维与法治方式。通过外在的法律制度能够有效规范和约束科研实践，从而遏制学术不端行为。法律制度的"他律"和学术道德信仰的"自律"相辅相成、共同作用，才能从根源上治理好学术不端行为。

一方面，要构建本科生、研究生、高校教师不同类型人群的学术诚信教育机制，树立和强化学术治理的法治意识，了解其行为的法治意义与治理目的；另一方面，要制定和选择合适、客观、有效的教育内容，明确学术研究自始至终的全过程规范制度。

同时还要设置专门机构，防范教育、过程监督、事后处置相结合，从预防、监督、惩处等方面综合治理学术不端问题。强化主动治理意识，主动参与学术不端监督，积极弘扬学术诚信文化，健全学术不端处罚机制，重视学术质量评价，营造良好学术研究氛围。

案例五　高校学生违反防疫规定案

【案情简介】

2022年5月5日，某高校学生王某某，违反学校规定，翻墙约会男友，在此期间让宿舍室友代替做核酸检测，最后该学生因高烧去医院看病，被查出感染新冠病毒，致使全校5000多人被隔离。据郑州新冠肺炎疫情防控指挥部发布的《关于违反疫情防控规定被依法处理的情况通报》显示，王某某等人的行为触犯了《中华人民共和国刑法》第三百三十条之规定，涉嫌妨害传染病防治罪，目前已被郑州市警方立案侦查。校方直接对王某某处以开除学籍处分，警方同时对隐瞒和包庇其行为的宿舍室友开展调查，根据事态严重程度进行处理。

【司法分析】

本案是一起在校大学生违反防疫规定，引发严重影响的典型案件。

在本案发生之时，新冠肺炎疫情仍采取甲类传染病预防、控制措施。依据《中华人民共和国刑法》规定，王某某的行为属于拒绝执行县级以上人民政府、疾病预防控制机构依照传染病防治法提出的预防、控制措施的情形，已构成妨害传染病防治罪，根据危害程度可处拘役以上或七年以下有期徒刑。

依据《普通高等学校学生管理规定》，触犯国家法律，构成刑事犯罪的，学校可以给予开除学籍处分。本案中，王某某的行为已经构成犯罪，学校对其实施开除处分并无不当。

【司法启示】

过去三年，我国经历了艰难的抗疫期，在此期间，高校出现了新情况新案例，值得深思。

一方面，该案折射出了大学法治教育的不足。王某某和其室友的行为是法治意识不足造成的。应当利用依法防疫的契机，培养学生依法办事、以法导行的守法意识，让学生了解法律规定和违法后果。如果本案的涉案学生能够充分了解相关法律规定，很可能避免此事件的出现。

另一方面，该案也反映了高校在疫情防治工作中存在的不足。"大疫如大考，治理见真章。"在疫情防控背景下提升治理能力，无疑是高校基层工作者亟须思考和总结的问题。制度建设、法治教育、日常管理、文化建设、心理干预相结合，综合治理，让疫情防控无死角。

案例六　网络学术资源公司侵权案

【案情简介】

周某是在相关学术领域具有较高知名度的学者，其与另一知名学者赵某共同发表论文《关于×××札记》，发表于《社会×××》期刊 1980 年第 04 期。按照版面字数计算，作品共计 8000 字。

周某于 2019 年发现，《关于×××札记》一文刊载于某学术期刊网，可以进行下载，下载后可阅读全文。某学术期刊网的运营主体为某学术期刊公司。该学术期刊公司在学术期刊网络传播领域具有较高的影响力，客户群广泛，其产品销量极高、获利巨大。

周某认为某学术期刊公司侵犯了其合法权益，将某学术期刊公司起诉至法院，请求依法维护权益。另一作者赵某放弃主张相关权利，相关权益归周某所有。

某学术期刊公司认为，已取得《社会×××》杂志社授权，自身具有国家新闻出版署颁发的期刊出版许可证和国家新闻出版广电总局颁发的互联网出版许可证、网络出版服务许可证等资质，转载涉案文章符合著作权法有关法定许可的规定，不属于侵权行为。

经审查，法院认为本案适用修改后的著作权法，现有证据无法证明相关期刊或某学术期刊公司已经从周某处取得了涉案作品信息网络传播权授权，不足以证明某学术期刊公司使用涉案作品经过合法授权，依据《中华人民共和国著作权法》（2020 年修正）第五十三条规定，未经著作权人许可，通过信息网络向公众传播其作品，应当根据情况，承担停止侵害、消除影响、赔礼道歉、赔偿损失等民事责任。故判决某学术期刊公司应当承担侵权责任，赔偿周某相关经济损失和诉讼费用，共计 3000 多元。

【司法分析】

本案是一起高校学者维护自身知识产权的经典案例。

首先，某学术期刊公司提供涉案作品网络阅览及下载服务已经构成侵权。本案中，某学术期刊公司与《社会×××》杂志社之间的协议书等均不足以证明《社会×××》杂志社自周某处取得合法授权，亦不足以证明某学术期刊公司通过《社会×××》杂志社取得了周某的合法授权，因此，某学术期刊公司通过其经营的网络平台向不特定公众提供涉案作品的下载阅读服务，侵害了周某对涉案作品的信息网络传播权，应当承担侵权赔偿责任。

其次，某学术期刊公司的被诉使用行为不构成法定许可。依照《中华人民共和国著作权法》（2020 年修正），作品刊登后，除著作权人声明不得转载、摘编的外，其他报刊可以转载或者作为文摘、资料刊登，但应当按照规定向著作权人支付报酬。《最高人民法院关于审理著作权民事纠纷案件适用法律若干问题的解释》（2020 年修正）第十七条规定：著作权法第三十三条第二款规定的转载，是指报纸、期刊登载其他报刊已发表作品的行为。本案中，某学术期刊公司在其经营的网络平台登载涉案作品并允许网络用户下载的行为，不属于前述法律司法解释规定的报刊转载法定许可。

再次，针对同一公司，可以对不同传播端口取证并分别起诉。信息网络传播权控制的行为既包括上传作品到网络服务器等，同时也包括使网络用户可以在其个人选定的时间和地点以下载、浏览或者其他方式访问和接触该作品。上传至服务器的行为并不是信息网络传播权控制行为的全部内容，还应当包括使网络用户端能够接触和访问作品的方式。不同终端传播的范围不同，所造成的损害和可以主张的赔偿范围也不相同。因此，周某对不同端口分别进行公证取证，并分别提起诉讼并无不当。

最后，周某应当得到合理赔偿。《中华人民共和国著作权法》（2020 年修正）第五十四条第一至三款规定：侵犯著作权或者与著作权有关的权利的，侵权人应当按照权利人因此受到的实际损失或者侵权人的违法所得给予赔偿；权利人的实际损失或者侵权人的违法所得难以计算的，可以参照该权利使用费给予赔偿。对故意侵犯著作权或者与著作权有关的权利，情节严重的，可以在按照上述方法确定数额的一倍以上五倍以下给予赔偿。赔偿数额还应当包括权利人为制止侵权行为所支付的合理开支。本案中，周某虽未举证证明其因涉案侵权行为遭受的实际损失或者某学术期刊公司因涉案侵权行为获得的违法所得，但考虑涉案作品为专业学术文章，独创性较高，但创作、发表时间较早；学术期刊公司涉案侵权行为影响范围较大、主观过错程度明显，因此应当酌情给予周某合理的经济赔偿。

【司法启示】

近两年，知识资源平台问题在学术界内外都掀起了轩然大波。本案的判罚，对学术创新保护和数字法治发展都具有重要意义。

一是加快完善数字时代作品分享与聚合的法律规范。技术创新推动了著作权制度的变革和发展。学术网络平台收录刊载具有传播价值的学术文献，进行数字出版和传播，实现资源聚合，已经成为高效利用庞大学术文献资源实现知识聚合的重要途径。然而，现有的法律依然需要解决网络时代的新问题，如本案涉及的知识产权归属和转移问题，数字聚合背景下作者获酬权益保障问题等，都需要有明确的法律规范予以规制。

二是要加强对知识资源平台的版权合规建设与社会共治。加强对知识服务全链条的版权监管与行政执法，加强行业自律和版权信用体系建设，多部门应当联合出台对知识资源平台、期刊、研究生培养机构加强知识产权保护，推动知识服务行业规范健康发展的指导意见，促进国家人文社科事业繁荣发展。

三是防止学术期刊网络平台利用数据权力形成支配地位和垄断地位。知识资源平台实施的独家合作和不公平高价行为排除、限制了中文学术文献网络数据库服务市场竞争，侵害了多方用户合法权益，影响了学术交流传播。这种垄断行为，损害了学术生态环境，影响了中文学术文献网络数据库服务市场的技术进步和创新发展，必然会阻碍知识传播，妨碍学术创新。

事实上，本案被告的学术期刊公司就因为其实施不公平高价、限定交易行为排除、限制了中文学术文献网络数据库服务市场竞争，侵害了用户合法权益，影响了相关市场创新发展和学术交流传播，2022年，被市场监管总局依据修改前的《中华人民共和国反垄断法》予以行政处罚，责令整改并罚款8760万元。

因此，需要从知识产权保护、数字资源适用规范、反垄断等方面，全面完善数字学术资源法治体系，立法、执法、司法三位一体，共同推动知识资源平台健康发展，为繁荣我国科学创新、学术研究、技术进步提供利器。

案例七　全国首份"家庭教育令"

【案情简介】

2020年8月，原告胡某和被告陈某协议离婚，约定女儿胡小某由其母亲即被告陈某抚养，原告每月支付抚养费。一个月后，因陈某再婚，并带着胡小某搬到新的出租屋内，有两三个星期未送胡小某去上学。自2020年12月10日起，原告以全托、找保姆的方式让当时年仅七岁的胡小某单独居住，原告住在距胡小某住处20公里的乡下别墅内，被告每周末去接孩子。原告胡某认为离婚后，被告陈某未按约履行抚养女儿的义务，遂将陈某诉至法院，请求法院判令将女儿胡小某的抚养权变更给原告。经法庭询问，胡小某表示更愿意和妈妈陈某在一起生活。

法院经审理认为，原、被告离婚后，对未成年女儿胡小某仍负有抚养、教育和保护的义务。本案原、被告双方都存在怠于履行抚养义务和承担监护职责的行为，忽视了胡小某的生理、心理与情感需求。鉴于胡小某表达出更愿意和其母亲即被告一起共同生活的主观意愿，法院判决驳回原告的诉讼请求。

同时，法院认为，被告陈某在无正当理由的情况下由原告委托保姆单独照护年幼的女儿，属于怠于履行监护职责和怠于承担家庭教育责任的行为，根据《中华人民共和国家庭教育促进法》的相关规定，应予以纠正，因此，在发出判决书的同时，向胡小某母亲即被告陈某发出了全国首份"家庭教育令"。依据《中华人民共和国未成年人保护法》第十六条、第二十二条，《中华人民共和国家庭教育促进法》第十四条、第十七条、第二十一条、第四十八条之规定，裁定要求陈某多关注胡小某的生理、心理状况和情感需求，与老师至少每周联系一次；并要求陈某与胡小某同住，由自己或近亲属亲自养育与陪伴胡小某，切实履行监护职责，承担起家庭教育的主体责任，不得让胡小某单独与保姆居住生活。

同时，法院要求本裁定的一年有效期内，胡小某本人或密切接触胡小某的单位，可以根据实际情况向人民法院提出申请撤销、变更或者延长。如义务履行人陈某违反本裁定，本院将依据《中华人民共和国未成年人保护法》第一百一十八条、第一百二十九条，《中华人民共和国家庭教育促进法》第五十四条之规定，视情节轻重予以训诫、罚款、拘留；构成犯罪的，依法追究刑事责任。

【司法分析】

家庭是教育的第一责任人。本案是一起由于父母未尽到抚养义务而发生的家庭教育缺失的典型案件，为司法强制当事人履行家庭义务及保护未成年人权益提供了范例。

第一，胡某和陈某违反了"无正当理由不得委托"的法律禁止性规定。《中华人民共和国未成年人保护法》对监护人委托代为照护有严格的前提条件限制，第二十二条规定："未成年人的父母或者其他监护人因外出务工等原因在一定期限内不能完全履行监护职责的，应当委托具有照护能力的完全民事行为能力人代为照护；无正当理由的，不得委托他人代为照护。"本案中，父母双方显然不属于外出务工等情形，却将女儿委托给保姆照护，属于"无正当理由不得委托"的禁止情形，应当依法纠正。

第二，胡某和陈某将女儿委托给保姆属于法律规定"怠于履行照护职责"的行为。《中华人民共和国未成年人保护法》第十六条规定了十种监护职责，陈某作为监护人，具备监护能力，却由胡某以委托他人单独照护女儿的方式来履行其监护职责中的照护义务，主观上忽视了胡小某的生理、心理状况和情感需求，客观上对胡小某的身心健康造成伤害，没有遵守该条第二款"关注未成年人的生理、心理状况和情感需求"之规定，属于违法行为，依法应予以纠正。

第三，胡某和陈某没有履行好法定的家庭教育主体责任。《中华人民共和国家庭教育促进法》在家庭教育中的责任主体、责任内容和共同责任等方面作出了明确规定，第十四条规定"父母或者其他监护人应当树立家庭是第一个课堂、家长是第一任老师的责任意识，承担对未成年人实施家庭教育的主体责任"，第十七条规定"未成年人的父母或者其他监护人实施家庭教育，应当关注未成年人的生理、心理、智力发展状况"，第二十一条规定"未成年人的父母或者其他监护人依法委托他人代为照护未成年人的，应当与被委托人、未成年人保持联系，定期了解未成年人学习、生活情况和心理状况，与被委托人共同履行家庭教育责任"。根据这些规定，父母应承担对未成年人实施家庭教育的主体责任，合理运用亲自养育，加强亲子陪伴等方式方法。本案中，陈某是孩子监护人，没有尽好教育主体责任；胡某是孩子父亲，让胡小某一个人与保姆单独居住，只是履行了"养"的义务，但怠于行使"育"即教育、保护的义务。故而，孩子的父母主观上系怠于承担家庭教育主体责任，客观上对胡小某的全面健康成长形成阻碍，违反了《中华人民共和国家庭教育促进法》的相关规定，依法应予以纠正。

第四，与未成年人关系密切的单位可以承担监督责任，以实现协同保护其处于良好家庭教育之中的目的。司法裁决有强制力，陈某如仍不履行教育主体责任，将被严格追责。那么谁来监督陈某履行责任的情况呢？除了胡小某本人，与陈某关系密切的单位可以承担监督责任。按照《中华人民共和国家庭教育促进法》第四十八条规定，关系密切的单位包括：未成年人住所地的居民委员会、村民委员会、妇女联合会，未成年人的父母或者其他监护人所在单位，以及中小学校、幼儿园等有关密切接触未成年人的单位。这些单位发现父母或者其他监护人拒绝、怠于履行家庭教育责任，或者非法阻碍其他监护人实施家庭教育的情况，应当予以批评教育、劝诫制止，必要时督促其接受家庭教育指导。

【司法启示】

本案发出了全国首份"家庭教育令"，被评为新时代推动法治进程2022年度十大案件的第一案，对落实《中华人民共和国家庭教育促进法》、推动未成年人保护具有非常重要的意义。

首先，全国首份"家庭教育令"为《中华人民共和国家庭教育促进法》落地开启了大门。《中华人民共和国家庭教育促进法》作为我国家庭教育领域的第一部专门立法，将家庭教育由传统的"家事"上升为新时代的"国事"；"家庭教育令"的发出，让《中华人民共和国家庭教育促进法》的落实落地有了强有力的抓手。《中华人民共和国家庭教育促进法》的颁布与全国首份"家庭教育令"的发出，共同开启了"依法带娃"新时代，对于全面保护未成年人健康成长具有重大而深远的意义。

其次，全国首份"家庭教育令"填补了家庭教育的司法空白。全国首份"家庭教育令"的发出，是国家司法机关对儿童权利保护的重大创新，是儿童利益最大化原则在司法领域的生动实践。"家庭教育令"是人民法院落实《中华人民共和国家庭教育促进法》的重要司法举措，是依法约束和惩戒家庭教育中"养而不教、监而不管"行为的有力司法手段。在法令中明确孩童的需求高于父母的需求，是社会进步的标志。

再次，应当建立以"家庭教育令"和《中华人民共和国家庭教育促进法》为核心的家庭教育治理体系。一是通过制定"中华人民共和国家庭教育促进法实施细则"和"家庭教育令发布规则"对违法违规行为及处理方式进行详细、明确的规定，进一步完善相关配套措施，确保法律得以贯彻实施。二是加强"家庭教育令"的适用及执行力度，与各有关部门协同配合，探索建立完善的家庭教育指导服务体系。三是加强对"家庭教育令"和《中华人民共和国家庭教育促进法》的宣传，建立系统的普法宣传措施，突出"家庭教育令"的以案说法实效，将家庭教育法和其他与未成年人相关的法律法规结合起来进行系统宣传，让家庭教育的法治观念深入人心。

案例八　杨某某诉某公安分局不履行对教师教育惩戒行为处罚案

【案情简介】

杨某某在校期间因排队等事宜与同学多次争执并发生肢体冲突，甚至出现打同学耳光等过激行为。事件发生后，杨某某与班级其他同学关系恶化，学习成绩明显下降，多次不完成作业。为此，杨某某的班主任陈某某认为杨某某不再适宜担任班长并予以更换；同时，陈某某先后对杨某某实施了罚抄、罚站、停课等惩戒措施。杨某某的家长不服，向某公安分局报案要求查处陈某某区别对待以及对杨某某罚抄、罚站、撤销职务等违法行为。某公安分局经调查，认为合理的罚抄、罚站等行为不属于《中华人民共和国治安管理处罚法》（以下简称《治安管理处罚法》）调整范畴，未对陈某某作出处理。杨某某不服诉至法院，要求确认某公安分局不作为违法，责令该局履行法定职责并赔偿损失。

法院一审判决驳回杨某某的诉讼请求，杨某某不服提起上诉。市中院二审认为，教育惩戒行为是学校和老师对违规违纪学生进行管理、训导或者以规定方式予以矫治，促使学生引以为戒、认识和改正错误的教育行为，其实质是学校和教师基于教育目的实施的内部教学管理活动。对于教育惩戒行为有异议的，学生或家长可以向学校或者教育行政管理部门投诉、举报，由学校或教育行政主管部门通过内部程序予以纠正。本案中，班主任陈某某采取的罚抄、罚站、撤销职务等教育惩戒行为，与杨某某的过错程度相适应，并不具有伤害、报复杨某某的故意，亦未造成人身伤害等后果，不属于《治安管理处罚法》调整范畴，某公安分局经调查后未对陈某某作出处理，符合法律规定。市中院依据《中华人民共和国行政诉讼法》第六十九条，判决驳回上诉，维持原判。

【司法分析】

本案的焦点在于，教师为维护正常的教学秩序而进行的教育惩戒，应如何界定其行为，应当如何界定司法边界。

首先，依法进行的教育惩戒是教师职务行为，不是违法行为。《中华人民共和国教师法》第八条第（五）项将"制止有害于学生的行为或者其他侵犯学生合法权益的行为，批评和抵制有害于学生健康成长的现象"规定为教师应当履行的义务。健康成长包括身心两方面，心智和品德的健康成长尤其重要。杨某某在校行为既有害于其他学生健康成长，也有害于自身健康成长。教师对其实施惩戒，是教育法律规范赋予教师的职责，是教师必须履行的教师职务行为。

其次，未超出《中小学教育惩戒规则（试行）》（以下简称《惩戒规则》）规定的惩戒方式和惩戒程度，则不属于《治安管理处罚法》调整范畴。对违规违纪学生进行的管理、训导或其他矫治方式，未超过教育管理的合理边界，没有伤害的主观故意，也未造成伤害后果，不能适用《治安管理处罚法》。本案中，教师对杨某某实施罚抄、罚站、撤销职务等惩戒行为符合《惩戒规则》的规定，是司法应当予以认定和支持的合理教育行为。因此，公安机关不予立案是正确的。

最后，本案审判结果充分体现了对教师教育权益的依法保护。《中华人民共和国教育法》第三十四条规定"国家保护教师的合法权益，改善教师的工作条件和生活条件，提高教师的社会地位。"司法保护教师合理教育惩戒，其本质是依法保护教师的合法权益和社会地位。

【司法启示】

由于意义重大，本案入选了江苏省 2022 年行政审判十大典型案例。《惩戒规则》为合理的教育惩戒行为划定了边界，以司法裁判的方式对教师合理使用教育惩戒权划出了"标尺"。本案是由教师合理惩戒引起的，公安机关依法不予立案，司法机关对公安机关处置给予认可的典型案件，在依法维护教师和学校应有的尊严方面具有重要启示。

一方面，教师积极履行教育职责而实施的合理教育惩戒行为是受到法律保护的。教育是全社会的责任，全社会都应为教育活动创造优良环境。传授、管理、训导、惩戒是教育的必备手段和应有之义。实践中，因一些家长爱子心切、与教师在教育理念上存在差异等因素，教师实施的教育惩戒行为容易成为社会关注的焦点，导致不少教师面对违规违纪学生不敢管、不能管、不愿管，长此以往不利于学生的健康成长和良好教学秩序的建立。学校和教师在履行教育教学和管理职责过程中，在合理限度内对违规违纪学生采取劝导、诫勉、惩戒等措施予以纠正，既是《惩戒规则》等教育法律规范赋予学校和教师的职权，同时也是学校和教师应尽的义务。本案以司法裁判的形式，充分保护了教师教育权利，以法治手段解决了学校和教师的后顾之忧。

另一方面，教师实施合理惩戒行为的边界是《惩戒规则》所规定的范畴。教师的惩戒行为并非随意的，一旦超出《惩戒规则》，就要承担相应的法律后果。对违反法律和职业道德的惩戒行为，应当严格依法追究责任，不得放任，也不得过度。对于惩罚行为未故意伤害他人身体的，应当以特别法适用，依照《中华人民共和国教师法》《中华人民共和国未成年人保护法》的规定给予行政处分。对于惩罚行为故意伤害他人身体的，除了依据特别法给予行政处分，还应当依据《治安管理处罚法》给予相应的处罚；构成犯罪的，还要依法追究刑事责任。

此外，公安机关作为治安管理行政执法机关，对于涉及因教育惩戒违反治安管理行为的举报、控告，应当依法进行调查，查明是否属于职务行为，若属于职务行为，是否有适用治安处罚的法律指引，准确适用法律，作出处理。

案例九　某省专升本考试作弊案

【案情简介】

2021年6月5日晚，网上出现某省2021年专升本考试统考科目疑似"泄题"和某学院考点考试期间厕所门板上有答案等情况反映。经查，某省2021年专升本考试统考科目考试期间，某学院考点存在严重作弊现象。不存在考前泄题，此次考试有效。

关于网上流传的"泄题"图片的情况。经查，该图片系某教育咨询有限公司负责人周某发至公司培训群。当年专升本考试前，某教育咨询有限公司招生负责人许某与考点学校某理工学院监考教师罗某勾结。6月5日上午开考后10分钟，罗某利用监考之便用手机偷拍试题发给许某，许某组织4名公司兼职人员做好答案，发至公司培训群。经查，该群中有81名参加今年专升本考试的考生。经公安机关侦查，某省教育考试院对这81名考生所在考场视频监控录像进行了回放审看，同时进行答卷比对分析，未发现考场异常情况，未发现有抄袭网传"泄题"图片中答案的情况。

公安机关依据侦查结果刑拘某理工学院教师罗某、姜某、杨某雨、任某华、刘某道，某教育咨询公司法定代表人曹某、负责人许某、徐某和周某等9人。

关于网上反映某工程学院考点考试期间厕所门板上有答案的情况。经查，6月5日上午，专升本考试开考后，某教育发展有限公司工作人员梁某指使考点学校某工程学院监考教师张某、陈某1在监考期间拍摄试题，并将做出的试题答案发给梁某。收到答案后，梁某立即转发给某工程学院招生老师熊某，熊某将答案转发给招生老师占某，占某转发给招生老师冯某，冯某转发给某工程学院大二学生陈某2。陈某2将答案抄写在某工程学院考点三楼厕所第一个蹲位的门板上。某省教育考试院对某工程学院考点视频监控录像进行了回放审看，发现考试期间有多名考生进出考场的现象。经分析答卷，发现该考点151名考生试题答案与厕所门板上的答案一致，学科评卷专家认定为答案雷同，作违规处理。

公安机关依据侦查结果刑拘某教育发展公司工作人员梁某和某工程学院教职工张某、陈某1、熊某、占某，取保候审某工程学院教职工冯某、赵某和学生靳某、艾某、陈某2。

依据以上调查结果，经调查处置工作组研究，作出如下处理。

1.市场监督管理部门已对某教育咨询公司、某教育发展公司作出停业整顿处理，并将依据最终调查结果依法依规顶格处罚。

2.省教育厅依据《国家教育考试违规处理办法》《普通高等学校招生违规行为处理暂行办法》等规定，取消某工程学院、某理工学院两所考点学校下一年度专升本考试考点资格，取消某工程学院当年及下一年度中小学教师资格考试（笔试）、全国计算机等级考试考点资格；停止某工程学院下一年度专升本考试招生资格。同时，根据案件最终调查结果，启动问责程序，依法依规对上述两所考点学校及有关涉事人员从严从重处理。

3.凡涉嫌犯罪的有关人员，将移送司法机关依法处理。

4.省教育厅责成某工程学院考点依据《国家教育考试违规处理办法》，对目前查实的某工程学院考点151名违规考生作出当次考试各科成绩无效的处理，同时将考生违纪情况通报考生所在学校，由所在学校依据《普通高等学校学生管理规定》和本校学生管理规定予以处理。

【司法分析】

本案例是发生在同次国家重要考试中的两起案件，其性质皆为有组织作弊案，应当受到严肃追究。现有法律法规对考试作弊的规定较为体系化，因而本案查处定性是相当清晰的。

第一，两起案件的涉案行为已经构成了刑事犯罪。《中华人民共和国刑法》第二百八十四条之一规定了组织考试作弊罪和非法出售、提供试题、答案罪，为实施考试作弊行为，向他人非法出售或者提供法律规定的国家考试的试题、答案的，处三年以下有期徒刑或者拘役，并处或者单处罚金；情节严重的，处三年以上七年以下有期徒刑，并处罚金。《中华人民共和国教育法》也将组织作弊和在考试结束前泄露、传播考试试题或者答案规定为违法情形，需要依法追究刑事责任，并依法给予处分。专升本入学考试属于法定的国家考试，组织提供答案的作弊行为属于非法提供答案的犯罪情形，应予以刑事处罚，学校也应依法给予处分。对于两个教育公司的违法经营行为，市场监管部门也必须给予严肃处罚。

第二，非法获取答案的考生，应当承担法律责任。《中华人民共和国教育法》将"非法获取考试试题或者答案"规定为违法情形，并规定"组织考试的教育考试机构可以取消其相关考试资格或者考试成绩"；《国家教育考试违规处理办法》将"抄袭或者协助他人抄袭试题答案或者与考试内容相关的资料的"，认定为以不正当手段获得或者试图获得试题答案、考试成绩的考试作弊。同时规定有考试作弊行为的考生，当次报名参加考试的各科成绩无效。依据《普通高等学校学生管理规定》，所在学校对考试作弊的学生，应予以纪律处分。因此，应当依法依规对151名答案与门板答案雷同的考生做出各科成绩无效处理，并通报所在学校处理。

第三，两所考点学校监管不力，也应当承担相应责任。考试期间两所考点学校的教师和学生多人参与组织作弊，考场监督没有及时发现异常行为，管理混乱，作弊试卷答案雷同。依据《国家教育考试违规处理办法》第十五条"因教育考试机构管理混乱、考试工作人员玩忽职守，造成考点或者考场纪律混乱，作弊现象严重；或者同一考点同一时间的考试有五分之一（含五分之一）以上考场存在雷同卷的，由教育行政部门取消该考点当年及下一年度承办国家教育考试的资格"，应当依法取消两所考点学校下一年度国家考试的承办资格。同时，还应当对相关负责人进行问责。

【司法启示】

国家考试的作弊行为历来引人注目，极易引发舆情，本案也是如此。本案查处虽然清晰，但是，如何杜绝和防范长期以来存在的考试作弊令人深思。

一是法治要严格。《刑法》已经将组织考试作弊行为列入调整范围之中，弥补了行政法规和部门规章打击组织考试作弊犯罪不力的缺陷，强化了对作弊行为的法律禁止和犯罪打击，既保证了考试功能的实现，又发挥了刑法自身的一般预防功能。为了在全社会形成不敢作弊、不愿作弊的良好氛围，应当对各类涉考违法犯罪活动继续保持高压严打态势，依法严惩涉嫌组织考试作弊罪的相关行为和人员，增加作弊违法成本，进一步提升法律威慑力，从而有力地遏制考试作弊行为。

二是制度要完善。全面完善考试制度，强化监管机制，压实责任。强化考务组织和管理，要逐条对照教育部有关规定，努力提高考试组织工作的严密性，全面排查风险隐患，优化监考过程，落实主体责任。发挥社会组织的协同创新作用，推进教育、培训行业协会自律，杜绝监督教育、培训机构参与考试作弊现象。开展多元协作治理，司法机关、考试组织部门、学校等相关单位，应当积极联合，运用现代信息化平台，建立起制度化的考试作弊防范协同机制。

三是教育要深入。一方面，应当加强教师的师德师风和法治教育，通过常态化、案例化、信息化的师德和法治建设，促使教师自觉遵守师德规范，自觉遵纪守法，严以律己，从根本上形成教师与作弊之间的思想隔离带。另一方面，要加强学生的法治教育，加大作弊违法教育力度，让学生将作弊的法律后果铭记于心，常常警醒；加强诚信教育，从小培养学生的诚信品德，教育学生真正把诚信作为道德追求和学习生活的基本准则，从思想根源上反对和摒弃作弊行为。

理 论 篇

第四章
中国教育法法典化专题研究

一、以"优质教育"为价值理念推进教育法法典化 [1]

党的十九大把"推进国家治理体系和治理能力现代化"写入了党章,强调了治理现代化的重要意义,本质上即强调治理观念、治理手段、治理内容的动态发展特征。就教育而言,教育法治是教育治理的基础和保障,是教育治理的制度型方式,同时也是一个时期、一个阶段教育治理观念、治理手段、治理内容的集中体现。教育治理需要"随时而动""应时而变",教育法治也必然需要根据时代的发展、治理观念的变化而不断调整。过去几千年中,无论在哪个国家,学习的权利和学习的需求并不是每个人都能够拥有的,人们设立了各种经济的、知识的、技能的门槛,作为开始学习或进一步学习的前提。近一百年来,基础教育乃至高等教育的普及大大降低了人们进入学习的门槛,众多国家纷纷通过宪法明确规定了受教育基本权利。但至今进入各级优质教育的门槛依然坚固地存在。进入21世纪,教育治理的目标已逐渐由"量的增长"转向"质的提升","质量意识"的不断增强赋予了各国教育改革发展新的内涵和目标,即通过构建高质量教育体系实现教育自身发展和满足人与经济社会发展的需要,从而实现"优质教育"的价值理念。因此,教育法治也应以"优质教育"为价值追求,并在这一价值理念指导下推进教育法法典化。

---

[1] 作者:龚向和,东南大学法学院教授,东南大学人权研究院执行院长,东南大学教育部教育立法研究基地副主任。本文系2021年教育部人文社会科学重点研究基地重大项目"教育法法典化视野下的公民受教育权保障研究"(21JJD820010)阶段性成果。

（一）优质教育的内涵与我国的教育高质量发展

2015 年 9 月，联合国可持续发展峰会提出 17 项可持续发展目标（Sustainable Development Goals, SDGs），其中教育目标被单列为第四项目标，即 SDG4（亦被称为"教育 2030"）。"教育 2030"目标的完整表述是"确保全纳公平的优质教育，促进全民终身学习"，核心词是"优质教育"，"优质"除了本身的质量发展目标，还包含了全纳和公平两大目标。从联合国教科文组织等政策报告的文本分析来看，教育质量的改革与实践发展迅猛，国际层面对优质教育的认识已达成共识。优质教育的内涵可以用两个层面、两种理性的二维互动来解释。从工具理性来看，在学习者个体层面，优质教育主要指教育有效地促进学习者认知技能的发展，如能够掌握必要的、得以生存的知识与技能，最为直接的目的即促进学习者认知能力的发展与标准化测验分数的提高。其中，识字和算术能力作为最基本的能力，是后续认知能力发展的基础，对社会经济发展十分重要，因此优质教育必须有效地提升民众普遍的识字水平和算术能力。同样从工具理性出发，在系统层面意味着教育资源的配置与利用的有效性。这一解释基于联合国一直提倡的人力资本理论相关观点。从价值理性来看，在学习者个体层面，优质教育主要指非认知能力的发展，如获得终身学习的能力以及培养积极的情感、态度、价值观，目的则更加关注广泛意义上的学习成果，而不仅是读写算等认知能力，主要包括生活技能、民主意识、公民素养等非认知能力的发展。同样从价值理性出发，在系统层面意味着更加重视教育机会以及教育资源配置的公平性。这一解释则基于长期主导联合国看待教育问题的另一基本观点——教育作为一项基本人权，对履行其他人权起到重要作用。从国际话语体系来看，优质教育包含了公平教育的概念，它的本质是一种以发展高质量教育体系为目标的包容性教育。

在我国，《国民经济和社会发展第十四个五年规划和 2035 年远景目标纲要》确定了未来的发展目标和战略方向，提出了"建设高质量教育体系"的目标和任务。从内涵和概念层面来看，高质量的教育不仅是内涵发展的自然延续，更是教育内涵发展认识上和理念上的拓展与深化，是教育追求更高质量发展的整体性功能的再升级，旨在以教育的高质量发展为经济社会高质量发展提供人才与智力支撑，并满足人民群众对于美好生活的向往，推动人的全面发展。要实现这样的目标,教育必然要是高质量的体系和系统。同时,在新发展理念的指导下,高质量教育体系虽强调以质量为核心,但不局限于质量提升,而是包括数量与质量、过程与结果、投入与产出等综合指标。

可见,国际教育话语中的"优质教育"理念与我国"教育更高质量的发展"目标存在诸多相似之处,目前优质教育已是各国政府深化教育改革、完善教育立法的重点。因此,以"优质教育"的理念去指导教育立法的改革和教育法典的编纂,不仅能够与联合国的教育话语接轨,加快我国教育国际化的进程,构建以国内大循环为主体、国内国际双循环相互促进的教育发展格局,同时能够从根本上、从制度上赋予教育改革发展新的内涵和目标,从而实现全国范围内的教育现代化和教育强国。

(二)以"优质教育"作为教育法法典化的价值理念

关于教育法法典化的价值理念研究,学界仍未跳出基本权利的保障范畴,绝大多数学者仍旧围绕"受教育权"开展研究。以"受教育权"为核心制定教育法典无疑是正确的逻辑研究理路,不过其背后隐藏的价值理念才是教育法典构建的更高一级目的。推动"优质教育"的发展便是编纂教育法典的最终价值,而优质教育理念中已然包含保障受教育权为一项基本人权的内涵。公平与质量的平衡是世界各国教育系统面临的共同问题。"教育 2030""优质教育"目标的提出,实现了教育质量观的价值超越:公平纳入质量之维,全民教育成为优质教育的应有之义,公平与质量在优质教育的概念体系下实现了有机统一。全民教育绝不是低质量的教育公平,优质教育也绝不是少数人的优质教育。

优质教育更加强调教育发展是一个体系和系统问题,不能孤立地就教育看教育,应该从社会发展的宏观环境和人的发展维度来认识教育的体系建设。在此价值理念指导下推进教育法法典化,能够全面理解教育法法典化的价值性,避免对法典化的盲目追求。优质教育体现的价值性既能够凝聚社会共识和共同价值取向,也能够彰显教育法律部门的独特价值偏好。在这一价值理念的指导下,教育法典或教育法体系的核心概念也会呈现出相应的特征,彰显出教育法的独特价值追求,成为实现教育法基本原则的关键工具。优质教育的核心问题便是教育质量的基本内涵，该内涵包括什么是质量、谁的质量、如何评价质量三个方面的问题，这三个基本问题能够作为教育法典的基础概念生成工具，解释大部分教育法中的行为和关系。

（三）"优质教育"价值理念推进教育法法典化的基本路径

第一，明确和突出全纳公平的优质受教育权是教育法典建构的逻辑起点。全纳公平的优质教育与生俱来地带有人文主义的发展特点，这一特点的集中表现即将教育作为个体的一项基本人权，强调以学习者为本，将促进学习者学习放在教育质量保障的中心地位。我国教育立法应当秉持权利本位理念，在当下教育体系必须符合新时代社会发展和现代化发展要求的背景下，教育法典应具备现代性、适应性、先进性等特征，将全纳公平的优质受教育权作为制定教育法典的核心理念和立法目的，以全纳公平的优质受教育权作为教育法典制度的建构宗旨，制定以全纳公平的优质受教育权为中心的教育法典，这样有助于实现现阶段公众对于优质受教育权的全面法律表达，从而促进学习主体的全面自由发展。

第二，灵活整合教育规范体系的存量和增量。优质教育的法典化治理应立足于有序和开放。首先，应充分尊重教育法典发展的"阶段性"特征，考虑到不同教育领域之规范密度、规范成熟度往往存在着较大差异，若要一步到位式地将全部的教育法相关规范纳入一套逻辑自洽的目录结构中，极为困难。因此，可以采取分阶段、分步骤而非一次性的编纂方式，有序整合教育规范体系中的存量。其次，在互联网时代背景下的优质教育展现出了教育需求的普遍化、教育主体的多样化、教育时空的多元化、教育内容的零碎化、教育信息的弥散化等特征，终身教育、融合教育、信息技术教育等有助于全民终身学习和促进可持续发展的教育问题亟待立法提供制度支持。基于当下教育领域改革的现实需求，教育法典除了篡修已有的教育制度，还应对优质教育发展的需求作出回应，为纳入促进和实现全纳、公平的优质受教育权的新制度预留立法通道，这才是教育法典编排面向未来的应有之举。

第三，教育法典中对多元主体的规范应当注重协同性和全面性。教育领域不同的利益攸关者，包括学习者、家长、教师、政府、社会组织等教育活动的参与者，实际上他们各自对教育的想法和需求并非完全一致。若不在各利益攸关者之间形成与国家教育系统目标相关的共识或社会契约，便无法制定教育质量监测标准，更不知该如何发展更高质量的教育。因此，教育法典对多元主体的规范应当注重各教育主体相互间的协同运行、协同增效、有效互动。另外，优质教育理念对教育过程公平和教育结果公平的追求促使教育领域产生了诸多的新关系、新利益、新业态、新问题，教育法典的编纂应以此为基础和主轴线确立逻辑体系。针对一个教育主体的规范内容不仅要在总则中加以体现，在分则中亦要作出详尽的规定，这样既能保证分则内容在具体实践中获得原则性指导，亦能提高相关规范的灵活性。如教育与国家、市场、社会的关系，学生、父母、教师、学校等各教育主体之间的关系等，若能在教育法典的特定框架下进行全面的阐述，不仅能够促使部分教育法律关系主体在整个教育法律体系中角色互动，还能有效实现多元共治。

二、教育法法典化的学科立场 [①]

自民法典编纂特别是正式颁布实施以来，我国法治建设中的法典化已然成为趋势。在政学研多界共同推进下，教育法典编纂也进入官方启动阶段，教育法法典化问题一时引起热议。分析当前相关理论研究与立法实践的现状，可以发现，"基于何种立场"对教育法典编纂的基本思路、总体设计等有着重要影响，厘清立场极为必要。我们认为，教育法法典化应当强化学科立场，在相关学科建设与法典化之间形成良性互动，从而为教育法典编纂奠定扎实的学科基础。

（一）教育法法典化离不开学科理论支撑

教育法法典化作为具有极强实务性的立法活动，其综合性、复杂性特点决定了既需要立法部门的有力主导，也离不开法学、教育学等相关学科的强力理

---

① 作者：彭宇文，武汉大学教育科学研究院院长；彭学琴，武汉大学教育科学研究院博士研究生。

论支撑。法典化进程中，学科理论至少具有以下几方面重要作用。

其一，以学科理论推动法典化进程中的教育思想启蒙与思想解放。法典化的世界经验表明，法典化历史往往是一部思想启蒙与革命的历史。教育法法典化以教育思想为基础，教育法典编纂过程实际上也是教育思想变革发展的过程，这应当是教育法典编纂的一项重要意义所在。反思我国改革开放以来教育事业的曲折发展历程，随着教育领域利益相关者主体多元化、需求多样化，带来教育思想功利化、教育规律虚无化等现象，教育治理理念冲突积弊愈深，亟待改进。因此，应当加强法典化进程中的学科理论研究，在回顾总结教育发展历史经验的基础上，凝练新时代教育理念，并以此促进思想启蒙与思想解放，推进教育改革。解放思想是进一步破除教育思想积弊的基础，优化理念则是推进教育事业改革深化的重要思想武器。教育法典编纂过程中既需要对相关理论问题进行深入研究，以立法体现解放思想的成果，更需要利用教育法典编纂，以学科理论启发各方面利益相关者反思与深省，从而优化教育理念，为深化教育改革奠定更为先进的思想基础。

其二，以学科理论优化法典化进程中对高质量教育体系建设的准确呼应。作为中国特色社会主义法律体系的有机组成部分，教育法法典化必然是彰显教育事业及教育法治中国特色的重要途径，教育法典的中国气质也必然成为法典化的理想追求。教育法典的中国气质首先意味着对中国特色教育事业时代发展的准确呼应，国家"十四五规划"将建设高质量教育体系作为教育事业发展的核心目标，教育法典必须对此作出回应，将保障高质量教育体系建设目标实现作为立法的重要宗旨。要做到这点，就需以教育学科为依托，对高质量教育体系建设开展充分的理论研究，就其内涵外延等重要理论问题形成系统、深入的研究成果，并通过立法研究将这些成果及时转化应用到教育法典编纂之中，使法典化进程能够有效呼应国家教育事业发展的重大战略需求，提升教育法法典化的实际效能。

其三，以学科理论增强法典化进程中工具理性与价值理性的有机结合。法典化是一项具有极强技术性的立法活动，事实上会呈现出比较明显的工具理性特征，但是教育法典所天然具有的教育本质定位及教育精神属性，决定了教育法法典化不能被追求功利的动机所驱使，不能片面追求技术效益的最大化。因此，在法典化进程中必须充分发挥教育学科理论研究的作用，在兼顾工具理性的基础上，高度关注教育事业的精神内核，回归教育规律本源，深入到"什么是教育"这一问题上，基于对教育领域最根本理论的回归，系统强化教育学科在法典化方面的理论供给，满足立法需求、优化立法需求直至引领立法需求，实现法典化进程中工具理性与价值理性的内在统一。

（二）教育法法典化需要加强教育法学学科建设

教育法法典化进程既是教育法治建设推进的过程，也对加强教育法学理论支撑提出了更强需求与更高要求，因此，进一步呼应教育法法典化需要，加强教育法学学科建设就成为现实呼唤。

其一，借力法典化进程创新教育法学学科建设路径选择。回顾我国教育法学发展过程，可以发现其具有极为鲜明的实践性特征。教育法学产生于服务教育法治建设实践的过程，基于逐步积累的大量实践经验总结出了丰富的理论知识，从而形成了具有一定系统性的教育法学知识体系。但受到偏重应用性和政策化导向的影响，教育法学学科理论体系建设一直相对滞后，未能有效实现从实务实践向学科理论的学术转化。如何突破经验主义的单一路径依赖，转向经验与理论相结合的学术主义路径，成为教育法学学科建设面临的突出问题。可以看到，教育法法典化实践进程对教育法学的理论支撑提出了高层次需求，这一"供需关系"的形成为经验与理论搭建了实现有效沟通与对接的桥梁，为突破教育法学学科建设困境提供了新的路径选择。一方面，教育法典编纂的技术性需求为教育法学研究者提供了广泛的研究课题，促使他们更加聚焦于教育立法对教育改革实践现实需求的呼应，从教育法典编纂原则、体系架构、文本内容等方面提出具有理论依据与实际操作性的咨询建议，切实履行学科建设的社会职能；另一方面，面对教育法法典化急迫的理论需求，教育法学研究者可以充分利用实践对学科建设的支持作用，更加注重从实践经验向学科知识并进而向学科理论的有效转化，通过更为深入系统的学术研究，不断提升教育法学学科建设的理论内涵。

其二，借力法典化进程增强教育法学呼应现实的理论驱动力。学科建设的最大价值之一在于其理论驱动力，能够通过理论驱动现实，推进实践的进步与发展。面对教育法法典化的现实进程，教育法学学科建设必须聚焦于这一影响教育事业发展的核心论域，不断丰富学科的知识增量与理论增量，提升学科的现实影响力。从呼应教育法法典化实际需求出发，教育法学理论驱动力的提升可以从宏微观不同层面出发，通过个案研究、经验研究、理论研究得以实施。首先，微观层面以单项教育立法为案例开展个案研究，深度描述并剖析具体立法实践过程，为教育法学理论研究奠定实务性基础；其次，在微观层面个案研究基础上开展中观层面的经验研究，通过重点剖析某类立法，对教育立法实践开展整合性研究；最后，在个案研究及经验研究的基础上进行宏观层面理论研究，通过对不同类型立法实践的综合分析，开发学科知识增量，不断增强教育法学学科对立法实践的解释力，丰富理论供给。层层递进的教育法学研究，既能够在教育法法典化进程中获得日益丰富的实践论据，又能够以日趋深化的理论供给助力法典化发展，为教育法典编纂提供强大的理论驱动力。

其三，借力法典化进程打造超学科的立法关联型教育法学学科新形态。从教育法典的集成化、定型化、典范化、体系化等方面特点考量，其法典化必然需要来自法学、教育学、政治学、公共管理学等多方面学科的理论支撑，而从教育法学的形成发展历程分析，教育法学体现出源于上述学科理论并进行整合创新的鲜明特征，因此，在教育法典编纂的现实压力面前，加强教育法学学科新形态建设势必成为推进教育法法典化进程最为现实的选择。一方面，教育法学可以顺应超学科趋势，打造多元整合的学科建设新格局。随着知识生产模式转型的现代发展，一种超学科模式正在形成，其横跨不同的学科，取代并超越它们，从而为现实问题的解决提供一种全新视角。作为新兴学科，教育法学完全能够通过强化学科构建中纵横双向拓展的开放性，超越众多源头学科，寻求具有自身特质的新研究领域及研究范式。另一方面，教育法学学科建设应当抓住法典化的时代机遇，利用超学科后发优势，紧密联系教育法典编纂实践，打造立法关联型教育法学新形态，科学协调教育立法与学科建设之间的关系，使教育法学从法典化进程中充分汲取养分，获得更为强大的生命力，从而实现学科建设的可持续发展。

其四，借力法典化进程推进教育法独立部门法地位建设。教育法法典化涉及的一个重要基础就是教育法的部门法归属问题，全国人大常委会立法规划中把教育法典纳入"行政立法领域"，事实上预设了教育法归属于行政法的基本立场，但是，学界呼吁教育法成为独立部门法的声音也在不断增强，相关主客观条件也正在不断成熟。应当看到，不同的部门法地位及归属，势必体现出不同的立法宗旨和立场，而相关争议则可能会对教育法典编纂造成理论与实践的双重困扰，不利于法典化目标的实现。因此，在法典化进程中加强教育法独立部门法地位研究就成为不可回避的现实课题。其实，随着国家法治建设发展，从教育法调整对象、调整方法以及教育法治实践、教育法学学科建设等方面综合分析，教育法作为独立部门法的条件已经基本成熟。更为重要的是，教育法典重点关注的受教育权，作为教育事业核心内涵，在教育发展新形势及新趋势背景下，正呈现出越来越强烈的"公法私法化"等不同于行政法要素的特征。因此，如果教育法继续依附于行政法领域，不能具有独立的部门法地位，显然不利于教育法典编纂回归教育本源、符合教育规律，这势必会造成基本原则、法律关系等方面冲突，影响法典化顺利推进。面对挑战，教育法学研究者应当充分利用法典化的有利时机，积极深化教育法地位相关研究，力求突破，努力推进在教育法独立部门法地位上形成统一认识，为教育法法典化创造良好的法治环境基础。

三、教育法典的制度定位与范围边界 [①]

在关于教育法典编纂的讨论中，需要首先回答的问题是：教育法典在当代中国法律体系中该如何定位，它的范围与边界该如何划定？前一个问题涉及教育法典的外部关系，即它与其他法律的关系，后一个问题涉及教育法典的内部关系，即教育法典应包括哪些内容。这些问题属于"纲"的范畴，唯有纲举，才可目张，只有厘清了这些前提性问题，才能为后期的法典设计提供逻辑指引和理论依据。

（一）教育法典的制度定位

在我国现有法律体系中，民法典是第一个以法典命名的法律，而刑法虽无

[①] 作者：李红勃，中国政法大学法治政府研究院教授，中国政法大学教育法研究中心主任，未成年人事务治理与法律研究基地执行主任。

法典之名，但具法典之实。为了准确理解教育法典是一部什么样的法典，需要将它与民法典、刑法典以及未来的行政法典、环境法典、劳动法典等进行比较，从而更好界定其性质，厘清其定位。

在过去相当长的时期内，基于传统部门法的思路，教育法被认为是行政法的二级子部门，所以，在法典编纂的讨论中，有学者认为教育法典应当被纳入行政法典分则编。传统部门法是以宪法为统领，由行政法、民商法、刑法、经济法、诉讼法等组成，它是根据调整对象和调整方法进行划分的。一般来说，特定部门法必须有明确的对象、独特的方法和清晰的边界，与其他法律之间不存在跨界和交叉，其理论基础也是独特的，按照这一标准，民法、刑法、行政法都属于非常典型的部门法。

但是，教育法、环境法、劳动法等新兴法律领域，就很难用传统部门法的逻辑去界定。具体来说，与民法、刑法、行政法等典型的部门法相比，教育法的突出特征就是其交叉性和综合性，它以教育领域的法律问题为对象，其制度内容涵盖了行政法、民商法、刑法等多个领域，并非仅仅隶属于某一部门法。同时，教育法还发展出了一些独特的法律制度，比如招生、考试、教育惩戒、学位授予、学位认证、教育督导等，无法用单一部门法的理论进行解释。因此，在公法和私法交融、新兴学科崛起的背景下，为了重构教育法的制度定位，法学界引入的"领域法"（Field of Law）或"行业法"的概念，可以较好地解决这一问题。

与部门法学以单一的调整对象和调整方法为标准不同，领域法学"以问题为中心、目标为导向，以特定经济社会领域全部与法律有关的现象为研究对象"，具有综合性、交融性、开放性、整合性等突出特征。在法学研究中，领域法学的提出，是以新兴法律部门的崛起为基础的，可以对传统部门法理论的不足形成有益的补充，领域法学的提出，"既可以解决类法律问题，也避免新兴交叉学科为争取独立部门法地位而绞尽脑汁，所以领域法的提出是对部门法的突破，不但有助于解决领域问题，还有助于新学科的培育和健康成长，避免机械划归部门法导致知识结构的僵化和碎片化"。因而，教育法学作为一门兼具教育学与法学属性的交叉学科，无法被任何一个单一的部门法学科体系完整接纳，但恰好能够与领域法学的研究范式相契合。

基于上述思路，可以看出，与民法典、刑法典不同，教育法典无论是从调整对象还是调整方法来看，都具有综合性和交叉性等突出特点，其法律规范既包含了行政法律规范、民事法律规范以及其他领域的法律规范，也包括了教育法领域独特的法律规范。因此，教育法典并不属于行政法典的分则编，它以教育领域的法律问题为内容，与环境法典、劳动法典一样，属于领域性、综合性法典。换言之，中国未来的法典体系应由两类法典组成，一类是部门法法典，另一类是综合性的领域法法典。

（二）教育法典的范围边界

在确定了教育法典的制度定位后，接下来需要讨论的问题就是：教育法典到底应该包含哪些内容，或者说，现有的与教育相关的各类法律规范，哪些应该进入法典，哪些应被排除在外。

其一，从教育法典的调整范围来看，应限于学校教育。广义的教育外延非常宽泛，以教育主体为标准进行分类，可以分为学校教育、家庭教育和社会教育等。与此相对应，相关的教育立法也比较多样，学校教育方面有义务教育法、高等教育法、职业教育法，家庭教育方面有刚刚出台的家庭教育促进法，而社会教育领域则有国防教育法以及地方性的环境教育条例、教育培训条例等。那么，在法典编纂的背景下，未来的教育法典应当包括哪些内容呢？对此，理论上有"大教育法典"和"小教育法典"的争论，前者认为教育法典应涵盖学校教育、家庭教育、社会教育等全部领域，而后者则认为教育法典应仅限于学校开展的国民教育，即《中华人民共和国教育法》第十七条所规定的学前教育、初等教育、中等教育、高等教育。

相比而言，后一种观点更为可取，即教育法典应仅限于学校教育，不包括家庭教育和社会教育，主要理由包括：（1）从地位与功能角度看，学前教育、基础教育、高等教育等学校教育，是教育的核心和主体，在塑造国民文化、提升民族素质方面发挥着主导性、根本性作用，而社会教育和家庭教育则是辅助性和支持性的。（2）从法律性质的角度看，学校教育活动主要由公法进行调整，由官方主导，而家庭教育和社会教育则主要由私法调整，由个人自主选择，大体来说属于民法典调整的范畴。（3）从管理模式角度看，学校教育需要政府的强势介入，包括举办学校、聘任人员、开展教学、使用经费等，都离不开政府积极主动的管理和监督，而家庭教育和社会教育则更多是家庭和社会的事务，政府需要做的往往是消极意义上的扶持、鼓励、引导等。

其二，从教育法典的规范内容看，应既包括实体性规范，又包括教育救济的程序性规范。民法典和刑法典属于典型的实体法典，主要规定了相关主体的权利、义务及法律责任。与之相比，教育法典则有其独特性，它是实体性规定和救济机制合一的综合性法典。

在实体性规范方面，教育法典应以公民受教育权为逻辑起点，以学前教育、基础教育、高等教育为顺序，按照"教育主体—教育活动—法律责任"的思路，对相关规范内容作出规定。首先是各类教育主体及其权利义务，主要包括学校、教师、学生等，其次是各类教育活动的组织开展，比如学校的招生、教学、考试、学位授予，教育行政管理部门的许可、督导、评估、处罚等，以及教育的国际交流与合作等，最后是相关主体违法的法律责任等。

在救济程序方面，教育法典应对诉讼之外的教育纠纷和权利救济设置专门的解决机制。教育领域的非诉讼救济可以分为两类：一是学校主导的内部救济，即学生申诉制度、教师申诉制度等；二是政府主导的外部救济，目前主要为教育行政部门负责的教育申诉、复议制度，未来还可以参考劳动、体育领域的做法，建立专门的教育仲裁制度。教育法典应在总结实践经验的基础上，结合现代教育理念，构建科学有效的教育纠纷解决和救济机制，对纠纷解决机构及其设置、当事人的权利义务、纠纷解决流程、决定的法律效力、与诉讼机制的衔接等问题作出明确规定。

中国的教育法典，是当代法律体系中一个横跨多部门、涉及多领域的综合性法典，既包括涵盖各个教育学段的实体性规定，也包括纠纷解决和权利救济的程序性内容。打造一部符合国情、特色鲜明、技术先进的教育法典，将会提升教育法的科学化和体系化，通过良法善治，推动我国教育治理体系和治理能力的全面现代化。

四、智能教育立法融入教育法典前瞻 [①]

人工智能时代呼啸而来，代表性的 5G、大数据、云计算、机器学习、区块链等技术令人眼花缭乱。全国人大常委会已将编纂教育法典列入研究计划。关于教育法典编纂和人工智能法律规制的研究如雨后春笋般涌出，但将二者结合的研究尚付阙如。习近平总书记在审阅全国人大常委会等有关同志的述职报告时要求："加强对分管领域工作的前瞻性思考"。教育法典有望在 2035 年前编纂完成，如何将人工智能的视角引入教育立法、融入教育法典编纂，成为亟待解决的问题。

（一）人工智能技术在教育中的应用场景及法律风险

人工智能技术可以用于教学、学习和管理三类场景。在教学上，可以扮演教师对学生进行个别化指导。在学习上，可以实现学生自适应学习。在管理上，能够提供自动决策系统。对教师而言，人工智能能够代替教师批改作业、阅卷，将教师从繁重的重复性劳动中解放出来且不会产生滞后。对学生而言，人工智能能够实现泛在学习、全员学习和自适应学习，突破时空限制，实现个性学习、自主学习。近年来人工智能在图形识别方面进展巨大，如果运用于阅卷，能够避免因考生书法拙劣导致的非理性扣分。对政府和学校而言，人工智能能够监测评估教育资源配置、教育教学质量、学生身心健康水平，发出安全和学业风险预警，也可以用于资产管理、宿舍分配、助学贷款发放和缺勤提醒等。区块链技术还可用于学业证书发放和综合素质评价，它的不可篡改性保证了信息的真实性，可解决学业证书遗失无法补办的问题；它的智能合约功能，能自动识别出应录取的学生，避免人为干扰。教师人事档案上链，还能解决因学校扣押人事档案，教师无法正常离职的问题。

人工智能技术在教育领域的应用可谓前景广阔、大有可为，但其中存在的法律风险也不可小觑。

---

① 作者：管华，广西大学法学院教授。

首先，侵犯个人信息受保护权。运用人工智能技术不可避免采集大量信息，这些信息的安全性很难得到保证。2018年，美国宾夕法尼亚州教育部30分钟内泄露出36,000条教育记录。2021年，"鹤壁高中2021届"的微信公众号发布学生违纪信息，复旦大学实名张贴三名研究生嫖娼被开除的决定，都引发了全网关注和广泛争议。在前网络时代，张榜公示学生违纪属正常操作。在网络时代，这种全网公开带来的"社死"效应可能产生比警告或开除更严重的后果。在法律上，全网公开侵犯学生的个人信息受保护权，违反了《中华人民共和国民法典》和《中华人民共和国个人信息保护法》。大数据是人工智能发展的基础，算法每前进一步，都要输入海量数据作为原料。对数据的无止境渴求会危及教育活动中的人的尊严。在大数据面前，我们不仅是赤身裸体的，人工智能甚至比我们自己更了解自己，准确预测出我们的下一步决策，这正是商业巨头和野心家所想要的。

其次，危及学生受教育权。屏幕暴露的不足或过度，都会给贫困群体接受教育造成障碍，这是教育领域的数字鸿沟。贫困学生普遍缺少智能设备，河南邓州因无智能手机上网课而自杀的初三女生是极端的个例。有些学生一旦拥有智能设备，可能会沉迷于娱乐而不是学习。美国研究发现，低收入群体和少数族裔青少年相对于中产白人青少年每天多花费两小时用于屏幕娱乐。算法通过对受教育者所能接触到的信息的"微控制"，将其困于"信息茧房"，剥夺了他们获取信息的自主权。个性化推送可能蜕变成预测性干扰，消灭学生学习的灵感，或形成弥散性的算法歧视，不给贫困生推送优质教育资源。基于过往学习记录的预定义学习轨迹也可能打消学生告别过去、超越自我的雄心。教育的首要目的是立德树人，但人工智能没有意识，无法产生感动，不能认识或者生发价值。它制造的人工情感，剥夺了受教育者和教师以及同学的交流机会，将"主体间"关系退化为"主客体间"关系。师生之间的关怀、同情和亲密关系湮灭，情感教育将失去力量，抽掉了立德树人的根基。美国70%的学生承认在考试、作业或者期末的论文报告中使用了智能手机、平板电脑直接或间接地作弊。人工智能既能写诗，也能自动生成毕业论文和实验报告。学生运用人工智能完成作业和论文，相当于上了一个"假学"，无法达到教育的目的。

最后，自动决策可能侵犯师生多方面的权利。大数据只能反映相关关系，巧合式相关只会给师生贴上与教育无关的标签。美国华盛顿特区政府运用算法评价教师业绩时，错误地解雇了一名被普遍认可的教师，原因是算法给少数族裔赋予了过高的权重。我国有高校规定，本科毕业论文复制比超过 30% 的不得参加答辩。评价毕业论文的首要标准是创新，未必复制比超标的文章就没有创新。陈寅恪作文总是先引几段史料，再加上一段按语。如果查复制比的话，必然大大超标。教育如此重要，以至于不能让教育家单独决定，更不能被人工智能单独决定，所以上海将"幼升小"面试外包给人工智能，引发了争议。更不用说，当前的教育人工智能产品缺乏国家标准、推送信息存在安全隐患、在线教育教师资质良莠不齐等问题了。当然，并不能因为存在上述风险，就拒绝在教育领域运用人工智能。法律的使命就是让科技为人类服务，控制科技对人类文明、尊严与未来的威胁。

（二）智能教育立法融入教育法典的一揽子建议

习近平总书记在中央全面依法治国工作会议上指出："要总结编纂民法典的经验，适时推动条件成熟的立法领域法典编纂工作。"2002 年，《中华人民共和国民办教育促进法》诞生，中国特色社会主义教育法律体系就已经基本形成了。2021 年《中华人民共和国家庭教育促进法》通过，为教育法典的编纂补齐了短板。尽管还存在一些缺项，但编纂教育法典的时机已经成熟了。编纂教育法典有利于统一教育领域中的共性问题，如教育目的、法律责任、救济方式等；有利于预防新法与旧法之间的冲突，形成统一的教育法律体系。可以预计，教育法典将采取"总则 + 分则"的结构。总则应以《中华人民共和国教育法》为基础，落实《中华人民共和国宪法》关于基本权利的规定，从 8 部教育相关法律中提取出同类项。除总则外，家庭教育、学前教育、义务教育、高等教育（学位）、职业教育、民办教育、继续教育、教师和考试都将在分则中占据一席之地。鉴于智能技术在教育领域的广泛运用，教育法典总则和各分则应分别体现智能时代的需求，完善教育法律制度供给。

完善个人信息受保护权的保障。《中华人民共和国民法典》第四编第六章专章规定"隐私权和个人信息保护"。《中华人民共和国网络安全法》第四章专章规定了"网络信息安全"。《中华人民共和国未成年人保护法》第七十二条规定了未成年人的个人信息受保护。《中华人民共和国个人信息保护法》规定了个人信息处理的规则、个人在个人信息处理活动中的权利和个人信息处理者的义务。教育行政部门和学校在教育管理过程中需要处理大量师生个人信息，但普遍对隐私权和个人信息受保护权了解不足。为了加强教育法典与相关法律的衔接，预防违法行为发生，建议在教育法典"总则"中规定："学生的隐私和个人信息受保护。未经学生或其监护人同意，不得采集学生的生物识别信息。"《中华人民共和国刑法》规定了侵犯公民个人信息罪，《中华人民共和国个人信息保护法》规定了违法处理个人信息或未履行个人信息保护义务的行政处罚。建议在教育法典"总则"中规定："学校或其他教育机构及其工作人员泄露受教育者个人信息的，对直接负责的主管人员和其他直接责任人员，依法给予行政处分或治安行政处罚；构成犯罪的，依法追究刑事责任。"既可以实现教育法典与相关法律的衔接，也可以完善对学校和教师更常见的责任形式——行政处分。

丰富受教育权利的内容。1972 年，联合国教科文组织把不能应用计算机进行信息交流的人称为"功能性文盲"。网络时代成长起来的大多是"数字原住民"，无力获取通信技术和知识的人将难以融入现代社会。为消弭数字鸿沟，一些国家的宪法明确将互联网服务纳入受教育基本权利保障范围。如葡萄牙宪法第 75 条规定，国家建设公立教育网络，以满足全民需要。古巴宪法第 51 条规定，发展免费学校网。接受信息教育的权利已成为受教育权利的必备内容。2019 年，国务院常务会议提出"加快建设教育专网"，这有利于填平"数字鸿沟"。建议在教育法典"总则"中规定"加强信息素养教育，逐步扫除功能性文盲"，在"义务教育"部分规定"为经济困难的学生提供共享式智能学习设备和公共教育网络"。为了避免屏幕暴露过度，鉴于《中华人民共和国家庭教育促进法》已规定家长或监护人"预防未成年人沉迷网络"的义务，建议在教育法典"学前教育"部分规范幼儿教师使用电子屏幕开展保教活动的时间。为避免形成"信息茧房"效应、造成预测性干扰，建议在教育法典"总则"中规定："在线教育经营者在提供个性化教育产品或服务的同时，也提供不针对个人特征的选项。"受教育是一种精神活动，运用人工智能完成非人工智能运用方面的课程作业、论文和书面报告，使用者只是简单地输入了数据，并未参与阅读理解、反思归纳、知识运用和表达创造，无法达到教育的目的。建议在教育法典"考试"部分，将这种行为认定为学术不端。

在其他权利方面，赋予学生获得电子学位证书的权利和不受自动决策权。建议在教育法典"学位"部分规定："鼓励学位授予单位运用区块链技术，同时颁发电子学位证书"。在考试和论文评阅上，赋予学生不受自动决策权，未经学生同意不得使用机器阅卷，不得仅仅以复制比不达标为理由拒绝答辩申请。

五、我们需要什么样的教育法典[①]

盛世修典，在我国教育法治建设发展到一定阶段、奠定一定基础之后，教育法典这个相对陌生的词汇开始进入我们的视野。自 2017 年学者提出教育法典的设想，[②] 直至 2021 年全国人大常委会将教育法典列入立法规划，并在教育学界和法学界引发研究的热潮，仅仅只有几年的时间。在 2021 年 9 月中国教育科学研究院举办的教育法典主题论坛上，教育部政策法规司负责同志宣布教育法典的研制工作正式启动。

从研究趋势看，教育法典的研究重点正在从"是否应当编纂教育法典"转向"应当创制什么样的教育法典"和"如何创制理想中的教育法典"。其中，一个基础性和前提性问题就是——我们究竟需要什么样的教育法典？这个问题直接影响到教育法典的模式、逻辑、体例、内容等教育法典研制具体问题的取向。笔者认为，理想中的教育法典应当具备以下特征。

第一，教育法典是具有战略性的法典。教育是国之大计、党之大计，通过教育法典的研制奠定教育在国家发展中的重要地位和重要作用，并充分发挥教育在实现中华民族伟大复兴目标中的作用是至关重要的。改革和法治如鸟之两翼、车之两轮，教育的改革和发展离不开教育法治的引领与保障，教育立法又是法治的基础，所以通过教育法典的编纂最大限度激发教育改革的活力，调动

① 作者：马雷军，中国教育科学研究院教育法治与教育标准研究所副所长。
② 孙霄兵，马雷军.教育法理学 [M].北京：教育科学出版社，2017：27.

教育发展的动力，保证教育事业的社会主义方向至关重要。具体而言，检验教育法典成败的关键因素就是立德树人的根本任务能否得到最大程度保障，人民群众的教育满意度能否得到最大程度提升。

第二，教育法典是具有理念性的法典。教育法典是教育立法的外在表现，立法理念则是教育立法的内在灵魂。教育法典能否成功，关键在于其是否能够具备科学的核心理念和价值取向。如果说《中华人民共和国民法典》是公民的生存权利宣言，那么教育法典将是公民的发展权利宣言。一个人的教育起始于出生，终止于死亡，贯穿于生命的全过程。教育如何，决定了一个人最终发展的程度如何。所以，教育法典应当关注于人、关注于人的成长、关注于人的发展，其核心就是公民终身受教育权的保障。其中主要体现为两个价值取向，其一是发展，将是否有利于人的教育、人的成长、人的发展作为确定教育法典具体制度设计的前提；其二是公平，将是否有利于维护平等和公正作为具体制度设计的底线。

第三，教育法典是具有综合性的法典。综合性、体系性和集成化是法典的主要特性，[1]法典编纂必须不仅提供针对诸多具体问题的规则，而且也必须覆盖某个法律的全部领域。[2]教育法典与单行教育法律最大的不同就是覆盖面。目前，在我国已经出台的八部教育法律中，除了综合性的《中华人民共和国教育法》之外，其他教育法律已经覆盖到义务教育、高等教育等具体教育领域，但还存在着学前教育等诸多立法空白。教育法典不仅要填补这些立法空白，还要系统、全面地将教育领域的法律关系纳入调整范围。但是，在现代社会，尤其进入数字时代后的法律问题更是呈现高度复杂性，法典的完备性更类似于一种乌托邦式的理想。[3]教育法典的综合性并不意味着面面俱到，适当存在一些"立法留白"也是必要的，教育法典应当在体系化的基础上，保留必要的、灵活的、开放的制度留白，以不断吸取实践经验，保证教育法律体系的新旧制度衔接与协调。[4]另外，教育法典还要为行政法规、地方性法规和部门规章预留创设教育法规范

① 瞿郑龙.重访法典（化）的基本法理议题[J].苏州大学学报（哲学社会科学版），2022（3）.
② 莱茵哈德·齐默尔曼，朱森.法典编纂的历史与当代意义[C].北航法律评论，北京：法律出版社，2012：14.
③ 陈小君.《民法典》特别法人制度立法透视[J].苏州大学学报（法学版），2021（1）.
④ 周洪宇，方晶.学习习近平法治思想 加快编纂教育法典[J].国家教育行政学院学报，2021（3）.

的空间。①

第四，教育法典是具有创新性的法典。教育法典的编纂并不是现有教育法律的简单组合，也不是对其他国家教育立法的原搬照抄，而是建立在具有中国特色社会主义法律体系及中国教育改革发展的基础之上的。所以教育法典的编纂既要具备国际视野，充分研究、借鉴其他国家教育立法的成功经验，更要充分扎根中国大地，吸收我国教育改革和发展的成功思路、成功经验、成功模式，将其转化为教育法律制度，以法治思维方法解决教育改革发展中的关键问题、棘手问题，最终制定出一部符合中国实际、具有中国特色的教育法典。

第五，教育法典是具有操作性的法典。法典化是大陆法系国家的传统立法理念，其起源于公元前古代罗马法。法典化的终极目标是把有关法律规范凝练、整合、体系化为一部完备的法典。②我国属于大陆法系国家，而大陆法系的法典往往被称为"法学家的法典"。这主要是因为大陆法系的立法受逻辑缜密法学理论影响至深，所以其具有体系严密、逻辑清晰的优势。但是相对于英美法系的判例惯例，大陆法系的法典也很可能因为高深的学术性导致普通民众难以理解和应用。所以我们在教育法典的编纂当中，不仅要从法学的视角建构教育法典的法理基础，还要着眼于其可行性和落地性。我们需要的不仅仅是一部法学家认可的教育法典，更是人民群众认可的教育法典，即要起草一部广大人民群众和教育工作者看得懂、用得上、能管用，并且符合教育领域实际、回应人民群众关切的教育法典，而不是一部颁布后就被人们束之高阁的教育法典。另外，教育法律以往被法学界称为"软法"，这也严重影响了教育立法的操作性。所以，如何让教育法典"长牙齿"，强化教育法律责任部分的制度设计，从而加大违法者的违法成本，也是教育法典增强落地性需要注意的。

第六，教育法典是具有前瞻性的法典。法律的制定有滞后性，法典亦是。③相较于单行法，教育法典的稳定性特征更加明显。所以，教育法典的编纂不仅要关注当前教育改革发展中的问题，更要着眼于未来教育领域发展变革的趋势，例如，人工智能、大数据分析、在线教育会给我们的教育带来哪些变化？从立

---

① 湛中乐.论教育法典的地位与形态 [J].东方法学，2021（6）.
② 李明华，陈真亮.环境法典立法研究：理念与方法 [M].北京：法律出版社，2016：18.
③ 郑智航，曹永海.国家建构视野下法律制度的法典化 [J].苏州大学学报（哲学社会科学版），2022（3）.

法的角度应当如何引领这种教育的变革,应对由此带来的法律问题?从这个角度讲,教育法典不仅仅要对教育事业发挥保障作用,更要发挥引领作用,即要用新理念、新思维、新机制、新模式、新方法引导教育事业的改革和发展。

第七,教育法典是具有平衡性的法典。我们身处在一个权利扩张的时代,不同教育主体权利边界的扩张,必然带来权利之间的交叉、重叠,甚至冲突。而不同利益主体的诉求是具有多元性的,所以教育法典需要协调社会生活中不同利益方的歧异,甚至是正向对立的利益诉求。①罗尔斯的"无知之幕"理论提醒我们,不同的利益主体出于不同的利益考量,会对公平和正义产生不同的理解,从而影响到具体的制度设计。所以,如何合理划定权利的边界,协调主体间权利的冲突,形成权利和义务相互匹配的法律关系,是教育法典编纂中尤为重要的。例如,公民的受教育权与国家教育权、社会教育权、家庭教育权等教育权利之间如何建构合理、衡平的教育法律关系,是教育法典编纂中必须厘清的重大问题。

第八,教育法典是具有衔接性的法典。教育法典的衔接性是法典理性化和法学科学化的要求。按照大多数学者的观点,我国的教育法典应当和民法典一样,采用总分模式。即按照提取公因式的原则,将具有一般性、普遍性的法律规范提取出来,作为法典的总则。而无法"提取公因式"的法律规范,按照一定的逻辑结构排列组合,作为法典的分则。在这种以潘德克顿学说为主要依据的总分模式中,应当注意法典内外部的衔接,避免法条的重合和冲突。其具体体现为总则和分则的衔接,分则之间的衔接,教育法典与刑法、民法典等法律相关条款的衔接,教育法典与教育行政法规、教育部门规章的衔接,等等。通过合理、有效、规范的法律衔接,形成系统完善、层级分明、体系完备、逻辑清晰的教育法律体系。

教育法典将涉及每一个人、每一个家庭,所以其编纂不仅需要立法部门的推进、教育学和法学学者的通力合作,更需要全社会的关注与参与,最终形成一部能够促进实现中华民族伟大复兴梦想、保证立德树人教育任务圆满达成、保障公民受教育权最大程度实现的教育法典,成为公民发展权利保障的宣言书。

---

① 许小亮.世界主义视野下的法典编纂 [J].法学,2017(8).

第五章
中国教育法治理论前沿综述

教育法学在我国是一个当代学科。[①] 它以教育法为基本研究对象，以法学和教育学的基本原理和方法论为基础，对完善教育法律秩序、实现教育法治有积极推动作用。新时代，在依法治国大背景下，依法治教、依法治校迫切需要教育法律法规的完善和有效实施；教育法学及其治理的前沿研究，在依法治教、依法治校的过程中发挥着越来越重要的作用。本部分通过收集、分析和整理教育法治研究文献的观点和特征，聚焦年度热点，剖析研究趋势，为教育法学学科建设和教育法治实践推进提供借鉴和参考。

一、文献采集与数量特征

2021—2022 年教育法治文献研究分析延续以往思路，以关键群体、关键刊物为核心，梳理高频度线索和议题，并有序扩大文献搜索范围，根据高频词汇凝练研究热点和核心观点。文献搜索情况具体如下。

本研究进行计量分析所使用的文献数据，均来自"中国学术期刊网络出版总库"。采用高级检索，将期刊年限设定为"2021—2022"年，指定期刊类别为"核心期刊"，以"篇关摘"为检索条件，设定"教育法学""教育立法""学校安全""法治教育""教育法学国际比较"，以及"教育行政""学校管理""高等教育""民办教育""职业教育""教师""学生"并"法"为关键词检索

---

① 余雅风. 我国教育法学的发展及其对教育法治的回应——基于学术史的视角 [J]. 教育学报，2021（1）.

内容，同时按照一定标准，最终遴选出 498 篇文献。具体遴选原则为：一是通过阅读文献标题和摘要，排除明显与教育法治研究没有直接联系的文献；二是删除新闻报道、会议综述、图书介绍、杂谈等非研究型文献；三是抓住关键群体，选择了 40 余名教育法学领域知名专家或新生研究力量，将其研究文献扩展至非核心期刊；四是关照重点期刊，搜索范围拓展至教育领域无法兼顾和搜索到的特定的 20 余份法学核心期刊，如《东方法学》《中国法学》《中国教育法制评论》等上的教育法治相关文献。本部分结合研究文献特征的定量分析结果和部分重要文献的内容分析，聚焦当前教育法治研究的热点领域，梳理和分析主要观点，力求掌握现阶段我国教育法治研究的阶段性成果和未来研究趋势。

总的来看，上述文献研究呈现出如下特点。

一是教育法治研究文献数量持续增加。2021—2022 年间，随着《中华人民共和国职业教育法》《中华人民共和国家庭教育促进法》《中华人民共和国教师法（修订草案）（征求意见稿）》等多部教育法律的修订和颁布，直接促使相关研究文献数量出现大幅度增加，2019 年度研究文献数量为 277 篇，2022 年达到 221 篇。例如，2020 年底颁布的《中小学教育惩戒规则（试行）》在 2021 年 3 月正式实施后，两年间学界共发表了 55 篇相关文献，其中 2021 年就有 50 篇之多。2021 年《中华人民共和国家庭教育促进法》颁布前后，两年内相关研究文献达到 59 篇，其中 2021 年高达 48 篇。此外还有 2021 年颁布的《中华人民共和国教师法（修订草案）（征求意见稿）》及 2022 年颁布的《中华人民共和国职业教育法》等，在这两年内的相关研究文献数量也分别达到了 42 篇和 77 篇。可见，政策的出台催生出的研究成果进一步丰富，反过来，研究成果的不断创新也为科学决策提供了强大的智力支持。

二是教育法学核心研究群体活跃。核心研究者能够引领和助推本领域研究观点及研究趋势，对其他研究人员产生重要影响。通过分析作者发文数量情况，能初步掌握教育法学研究领域中的核心研究者及他们所关注的研究焦点。两年间，研究者群体中发文量位居前五位的分别为申素平、祁占勇、任海涛、湛中乐、余雅风。文献产出量最多的研究机构均来自高校，排在前五位的分别是华东师范大学、陕西师范大学、中国人民大学、北京大学、北京外国语大学等院校的教育学院和法学院。上述研究机构之间的合作和交流也较为频繁，例如，北京大学、中国政法大学、华东师范大学各位学者之间的合作发文也屡见不鲜，这也反映了研究群体之间交流合作进一步推动研究成果的广度和深度得到持续丰富和深化。

三是多学科研究方法逐渐融合。研究方法是影响研究质量的关键因素，大致可分为量化研究、质性研究、混合研究、思辨研究。教育法学作为跨领域学科，需要将教育学研究方法和法学研究方法有机结合。近年来，受实证主义和技术理性思潮的影响，追求精确化、客观化的教育量化研究模式广受重视。[①] 量化研究是实证法学研究的方向。[②] 2021—2022 两年间，基于一定规模调查数据或实证分析的研究文献达到 24 篇，占文献总量的 4.82%，该比例较 2019—2020 年间的 3.19%[③] 有所增加。其中，已有量化研究中还较多使用统计学、心理学等自然科学的实证分析方法，如基于性别的多群组比较分析来研究校园欺凌对中学生核心自我评价的影响机制，基于十五省市的调查数据研究家庭因素对我国中小学生欺凌行为的影响，基于 337 份适用《中华人民共和国教师法》的裁判文书分析司法场域中《中华人民共和国教师法》的表达与实践等。也有作者运用教育实验方法，研究如何识别并消解欺凌"先兆"[④] 等等。尽管目前大部分研究仍然是以感悟思辨、经验总结等定性研究为主，但融合了多学科的多样化研究方法，也显示了教育法学研究的规范性、客观性、精确性在不断加强，实践研究与理论建构积极互动，研究方法不断融合趋势进一步凸显。

四是关注教育法治研究的核心期刊的种类数量有所增加。发文期刊能够在一定程度上说明教育法治研究成果的活跃阵地及文献的质量水平。较往年相比，高度关注教育法治研究的核心期刊种类范围有所扩大。除《湖南师范大学教育科学学报》《职业技术教育》等历来关注教育法治研究的核心期刊之外，2021—2022 年度，还有《华东师范大学学报》（教育科学版）、《教育发展研究》、《中国人民大学学刊》《中国职业技术教育》等核心期刊的发文量也均超过 20 篇。这说明近两年来教育法治研究文献的质量有所提升，教育法学的理论体系进一步丰富和完善。

---

① 时益之. 教育研究中的量化迷思及其治理 [J]. 教育理论与实践，2023（16）.
② 管华. 教育人权评价指标体系的建构 [J]. 东南法学，2019（1）.
③ 中国教育科学研究院教育法治与教育标准研究所. 中国教育法治发展报告 2019—2020[M]. 北京：外语教学与研究出版社，2023：86.
④ 耿申，王薇. 欺凌"先兆"的识别与消解——预防学生欺凌的学校实验 [J]. 清华大学教育研究，2021（6）.

二、教育法学基本理论研究

2021—2022 年期间，关于教育法学基本理论的基础研究随着教育法典化研究的兴起发展较快，相关研究视角丰富、内容深入、观点新颖。

（一）习近平总书记关于教育法治建设的重要论述研究

习近平法治思想和习近平总书记关于教育的重要论述是指引教育系统开展依法治教，建设社会主义法治国家的重要依据。习近平总书记关于教育法治建设的重要论述是习近平法治思想与习近平总书记关于教育的重要论述结合形成的思想结晶，对于推进教育系统依法治教工作具有重大意义。其主要包括四方面内容：立法推进教育发展、依法行政推进教育治理、依法治校坚持中国特色、法治教育从娃娃抓起。习近平总书记关于教育法治建设的重要论述指引了教育法治建设的根本方向，从战略布局、价值导向、实施路径和范式内涵等多个方面建构了教育法治建设的核心要义。在习近平总书记关于教育法治建设的重要论述引领下，我国教育法律体系更加完备、教育依法行政日益完善、学校治理体系初步建构、法治教育全面系统推进。习近平总书记关于教育法治建设的重要论述为中国特色社会主义教育法治指引了正确方向，为教育法治理论体系提供了丰富内涵，为全面推进依法治教明确了行动纲领。①

（二）教育法的法典化研究

教育法法典化既是对教育治理现代化、建设高质量教育体系外在需求的回应，也是对公民教育权益保障、教育立法执法司法相互衔接内在诉求的满足。②随着《中华人民共和国民法典》的颁布，以及 2021 年全国人大常委会将教育

---

① 中国教育科学研究院教育法治与教育标准研究所 . 坚持依法治教——习近平总书记关于教育的重要论述学习研究之十一 [J]. 教育研究，2022（11）.
② 魏文松 . 我国教育法法典化的核心问题 [J]. 理论月刊，2022（9）.

法典编纂工作纳入立法计划，教育法典化相关研究成为近两年教育法学基本理论研究领域的主要研究议题，主要涉及教育法典的定位、依据、逻辑、体例结构等。

关于教育法典的定位问题。多名学者认为教育法典应当是一部独立的领域法典，而非行政法典的一部分，[①]是一个以特定领域法律问题为对象的领域法，[②]教育法典的编纂应当秉持客观、理性与务实的基本理念，将其定位于一部范围适当、程度合理、动态开放的"相对完备型"法典。[③]但也有学者认为未来的教育法典应当纳入行政法典分则，[④]应当把行政法理作为教育法典化的法理基础，教育法典要在行政法理念和原则指导下整体构型，以行政法理的视角整合教育法典的若干元素，将行政法典总则作为教育法典的逻辑前提。[⑤]

关于教育法典编纂的依据和逻辑。教育法典的基本内容是规范和保障受教育权的实现，可以从国家保障、学校设立、学生发展、教师质量和社会支持五个主体角度构建内在逻辑和体系自洽的教育法典。[⑥]周洪宇和方晶（2021）提出全面、系统、持续、深入地研究习近平法治思想是实现教育法典体系化、科学化、民主化编纂的根本保障，是回答何为教育法典和教育法法典化、为何编纂教育法典、编纂何种教育法典以及如何编纂教育法典这四个基本问题的总要求、总指导和总遵循。[⑦]尹建国和吴汉东（2022）认为发展社会主义教育事业应是提炼贯穿教育法典的逻辑主线。[⑧]多名学者提出了应当以受教育权保护为立法逻辑，[⑨⑩]将法律关系作为编纂的逻辑主线，[⑪⑫]以受教育权为核心推进教育法典的立法建构和制度设计。受教育权是教育法典编纂的核心概念，保障受教育权是教育立

---

① 聂圣.论我国汇编型教育法典的编纂——基于领域法学视角的论证 [J].湖南师范大学教育科学学报,2022（6）.
② 李红勃.教育法典的制度定位与逻辑框架 [J].华东师范大学学报（教育科学版），2022（5）.
③ 尹建国,吴汉东.编纂我国教育法典的基本定位与逻辑主线[J].陕西师范大学学报(哲学社会科学版),2022（5）.
④ 湛中乐.论教育法典的地位与形态 [J].东方法学，2021（6）.
⑤ 关博豪.教育法典制定中行政法理的主导与嵌入 [J].江汉论坛，2022（9）.
⑥ 孙霄兵，刘兰兰.论以受教育权为核心制定教育法典 [J].华东师范大学学报（教育科学版），2022（5）.
⑦ 周洪宇，方晶.学习习近平法治思想 加快编纂教育法典 [J].国家教育行政学院学报，2021（3）.
⑧ 尹建国,吴汉东.编纂我国教育法典的基本定位与逻辑主线[J].陕西师范大学学报(哲学社会科学版),2022（5）.
⑨ 任海涛.论教育法典总分结构的统领关系 [J].复旦教育论坛，2022（5）.
⑩ 王琦.我国教育法法典化的证成与构想 [J].高教探索，2022（1）.
⑪ 任海涛.教育法典总则编的体系构造 [J].东方法学，2021（6）.
⑫ 陈鹏新.教育法属性与教育法典编纂体例：互益、分歧与弥合 [J].中国教育法制评论，2022（2）.

法的基本原则和指导思想，体现了教育法的人本价值。[①] 龚向和（2022）认为教育法典的编纂应当以终身学习权作为重要的权利基础，教育法典总则应当确立终身学习权的法律地位，教育法典分则需要形成终身学习权的规范依据。[②]

教育法典编写体例和结构上，罗冠男（2022）认为教育法典应当是法典编纂而非法律汇编，可以采取总则加分则的模式。[③] 聂圣（2022）则认为教育法典体系型模式与教育法的领域法地位有所冲突，因此其编纂宜选择汇编型法典化模式。[④] 绝大多数学者均赞同总分模式的体系结构，[⑤] 总分结构的科学性在于增强概念使用的统一性、促进教育法体系的精炼化、保持教育法体系的外部开放性。[⑥] 在具体编纂体例上，学者们也提供了多种思路。聂圣（2022）建议总则编依次可由基本规定、受教育者、教育行政主体、教育机构、教育工作者、教育与社会、教育权利与义务、教育基本制度、法律责任九章组成，分则各编则可以采取涵盖学校教育、职业教育、教育促进、特别教育、教育考试、教育评价、涉外教育、其他教育的八编制。[⑦] 张杰和唐远雄（2022）提出编纂教育法典总则不仅需要基于教育法律关系的内部结构，社会教育权作为教育法律关系复杂化的关键，也必须作为构造总则的维度之一，最终总则可由基本规定、法律主体、权利与义务、国家教育权、社会教育权、法律责任组成。[⑧]

此外，还有诸多与教育法典相关的研究在近两年涌现出来，如关于教育法典对教育财税规范的系统回应，[⑨] 教育法典编纂所要注意的问题[⑩] 以及教育法典的基本原则[⑪] 等。

---

① 孙霄兵，刘兰兰 . 论以受教育权为核心制定教育法典 [J]. 华东师范大学学报（教育科学版），2022（5）.
② 龚向和 . 教育法法典化进程中的终身学习权保障研究 [J]. 国家教育行政学院学报，2022（1）.
③ 罗冠男 . 论教育法典的功能定位、体例结构和编纂步骤 [J]. 行政法学研究，2022（5）.
④ 聂圣 . 论我国汇编型教育法典的编纂——基于领域法学视角的论证 [J]. 湖南师范大学教育科学学报，2022（6）.
⑤ 李红勃 . 教育法典的制度定位与逻辑框架 [J]. 华东师范大学学报（教育科学版），2022（5）.
⑥ 任海涛 . 论教育法典总分结构的统领关系 [J]. 复旦教育论坛，2022（5）.
⑦ 聂圣 . 论我国汇编型教育法典的编纂——基于领域法学视角的论证 [J]. 湖南师范大学教育科学学报，2022（6）.
⑧ 张杰，唐远雄 . 法律关系视角下教育法典总则的逻辑与构造 [J]. 中国教育法制评论，2022（2）.
⑨ 冯铁拴 . 教育法典中教育财税规范体系化研究 [J]. 华东师范大学学报（教育科学版），2022（5）.
⑩ 彭宇文 . 理性主义的教育法法典化：理想与现实之间 [J]. 华东师范大学学报（教育科学版），2022（5）.
⑪ 刘宁 . 教育法典基本原则的规范表达 [J]. 中国教育法制评论，2022（2）.

（三）教育法的地位研究

教育法的地位相应地也决定着教育法典的地位，其法律地位的研究也是教育法理论界一直以来的讨论重点。

关于教育法的地位，学术界主要有两种观点。一种观点认为教育法具有其独特性，应该作为一部独立的部门法存在。教育法的独立性是由教育法的类型化特征确定，该特征为狭义教育法律关系，属于教育法的核心范畴。在教育法不断发展的阶段，需要以狭义教育法律关系为中心，突出节点性问题研究，以狭义教育法律关系及其体现的教育价值辐射教育法节点性问题与细节性问题，进而构造教育法体系，形成教育法的规范秩序，稳定教育法的规范范围，进而确保教育法的独立性。①

而另一种观点则认为在功能定位上，我国的教育法尚不构成独立部门法，可以划入领域法的范畴。②任海涛和张玉涛（2021）也引用了领域法学的研究范式，认为以教育问题为导向的领域法学，应当成为教育法学的理论定位，提出今后的教育法学研究应当注重从价值体系、内容体系、方法体系三个方面协调推进，系统开展我国教育法学的体系建构。③在教育法学的体系建构问题上，劳凯声（2022）也强调了教育法体系化问题的重要性，认为教育法的体系化既可在传统的单行法立法过程中实现，也可以依托教育法法典化进行，无论采取何种理论立场和实践路径，体系化都是不可逾越的。唯一需要考量的是，如何选择才能更快、更有利于实现教育法的体系化。④

（四）其他相关研究

2021—2022年教育法学基本理论研究除了围绕教育法典化和教育法的法学地位问题，还有诸多其他相关研究。

---

① 雷槟硕.教育法是独立的部门法 [J].华东师范大学学报（教育科学版），2021（10）.
② 罗冠男.论教育法典的功能定位、体例结构和编纂步骤 [J].行政法学研究，2022（5）.
③ 任海涛，张玉涛.领域法学视野下教育法学的理论定位与体系建构 [J].湖南师范大学教育科学学报，2021(6).
④ 劳凯声.教育法的部门法定位与教育法法典化 [J].教育研究，2022（7）.

周航和申素平（2022）在教育法典化视角下探讨了教育法律行为的概念，建议将教育法律行为界定为：教育法律规范调整的，法律主体基于教育性目的所作出的直接产生法律效果的行为。① 魏文松（2021）基于对八部教育法律文本的规范分析，探讨了法律文本中"教育"条款的规范价值与发展逻辑。②

靳澜涛（2021）探讨了何为"依法治教"之"法"的问题，他认为"法"不局限于具体法律规定，而是指法治体系、思维和方式，亦即在尊重法律权威的基础上，将"法"之范围确定为多元法源形式，兼含"硬法"和"软法"，它们的静态规范及动态运行均应受到法治思维和法治方式的统摄。这种开放式观点可以使教育改革呈现出规范性和有序性，也因应了教育治理依据的多样性和复杂性，有助于确保"依法治教"命题的普适性和时代性，彰显出教育法治的体系性和创新性。③

余雅风和姚真（2022）分析了教育行政法律关系，认为教育行政法律关系调整应强化平等观念，赋予学校和教师应有的自主权、教育权，保障教育行政决策中公众的知情权，加强柔性执法；通过民事法律关系协调更多的教育管理纠纷；正确认识政府与公立义务教育学校的法律关系，由政府替代承担学生人身损害赔偿责任。基于法律对教育领域调整范围的深入和扩大，政府及学者应思考和研究新产生的教育法律关系，以法典化的目标和要求研究和确立教育法律关系，推进教育法律体系的内部协调与完善。④

此外，还有关于教育法律责任的基本范畴⑤、数字法学问题⑥以及教育法学发展对教育法治的回应⑦等教育法学基本理论研究。

---

① 周航，申素平.教育法典化视角下教育法律行为概念的界定与澄清 [J].复旦教育论坛，2022（6）.
② 魏文松.法律文本中"教育"条款的规范价值与发展逻辑——基于八部教育法律文本的规范分析 [J].教育学术月刊，2021（8）.
③ 靳澜涛.何为"依法治教"之"法"：一个概念的检讨与拓展 [J].教育学术月刊，2021（8）.
④ 余雅风，姚真.论教育法律关系 [J].湖南师范大学教育科学学报，2022（3）.
⑤ 程雁雷.论教育法律责任的基本范畴 [J].东方法学，2021（1）.
⑥ 胡铭.数字法学：定位、范畴与方法——兼论面向数智未来的法学教育 [J].政法论坛，2022（3）.
⑦ 余雅风.我国教育法学的发展及其对教育法治的回应——基于学术史的视角 [J].教育学报，2021（1）.

三、教育立法相关问题研究

2021—2022 年间,《中华人民共和国家庭教育促进法》《中华人民共和国职业教育法》先后公布并施行,研究者围绕家庭教育、职业教育立法进行了深入的探讨。同时,近两年间,学界关于教育立法问题的研究内容涵盖了学前教育、高等教育、地方教育、教育惩戒、终身教育、校外培训立法等多个方面,涌现出丰富的研究成果。

(一)教育立法相关理论研究

在教育立法与受教育权的体系化保障方面,有研究者提出,受教育权是我国宪法规定的基本权利,教育法对其承担保障落实的责任。从基本权利的功能体系出发对受教育权进行具体化、体系化保障,是完善教育立法、实现教育法体系化乃至法典化的重要路径。改革开放以来,我国教育立法对受教育权的实体规定不断丰富,程序规定和救济条款不断增加,但远未实现体系化保障。从受教育权的功能体系视之,其对防御权功能的规范不足,对受益权功能的规范不完整,客观价值秩序功能彰显不够;应进一步明晰受教育自由,从教育机会、教育条件、免费教育及教育资助等方面积极推进国家给付义务体系,并加强受教育权的制度、组织与程序保障,增强国家保护义务。[①]

在教育立法的要求与趋势方面,有研究者提出,《中华人民共和国教育法》是我国的教育基本法。2021 年 4 月 29 日,十三届全国人大常委会第二十八次会议审议通过了新的教育法修正草案,对现行教育法进行修订。把习近平新时代中国特色社会主义思想作为指导思想,把坚持党的全面领导作为根本原则,在立法内容上体现了鲜明的时代性,把教育的地位和作用提高到前所未有的高度;提出德智体美劳全面发展的新要求;强调要继承红色基因,重视革命文化;同时体现了文化自信与改革开放的辩证关系,并对人民群众关切的重大现实问

---

① 申素平. 教育立法与受教育权的体系化保障 [J]. 教育研究, 2021 (8).

题进行了全面回应。教育法修订的历史演进和内容特点清晰反映出新时代我国教育立法技术从粗放型"软法"向细腻型"硬法"的转变趋势，立法程序从突变式立法向渐进式立法的转变趋势，为未来其他教育法律的制定和改释工作提供了经验与借鉴。[①]

有研究者立足人工智能时代对教育立法进行探讨，指出人工智能技术迅猛发展，但"十四五"至2035年期间，人工智能仍将处于弱人工智能阶段。人工智能给教育立法提供了新的场景，教育立法必须适应学习、教学和管理智能化的需要，也必须应对隐私权和受教育权被侵犯的风险。随着人工智能在教育领域的应用，教育法律关系发生嬗变：虽然人工智能无法成为教育法律关系的主体，成为教师或学生，但受教育基本权利衍生出了新的子权利———接受信息教育的权利。教育过程中的个人信息受保护、教育信息选择、获得智能教育设备、不被过度暴露、不受自动决策和获得电子证书等方面的权利，亟须教育法典确认。[②]

（二）家庭教育立法相关研究

家庭教育连接学校教育与社会教育，是教育生态体系的基本组成部分，家庭教育立法是推进教育治理体系和治理能力现代化建设的重要内容。2022年1月1日，《中华人民共和国家庭教育促进法》正式实施，把过去长期以来人们视家庭教育为关乎未成年人终身发展和家庭幸福安宁的私人领域的"家事"，上升为关乎国家发展、民族进步、社会和谐稳定的"国事"，从法律上确立了父母家庭教育的职业角色地位，确立了全社会支持家庭教育的义务。研究者对于家庭教育立法的关注与研究热度持续高涨，对家庭教育立法的依据、原则、目的、框架内容等进行了探讨。

在立法依据方面，有研究者指出，《中华人民共和国宪法》第十九条第一款设定了国家教育目标，对国家特别是立法者课以了适时创制家庭教育法的宪法义务。尽管该条款具有政策性和原则性的规范特征，但其在福利国背景下的立法导向和责任指引亦相当显见。《中华人民共和国宪法》第四十六条是公民接受（家庭）

---

① 刘复兴，李清煜. 新时代我国教育立法的新要求与新趋势 [J]. 中国人民大学教育学刊，2021（3）.
② 管华. 智能时代的教育立法前瞻 [J]. 陕西师范大学学报（哲学社会科学版），2022（4）.

教育的基本权利条款。在未成年公民家庭教育问题上，父母是私法上的义务主体，国家是公法上的义务主体，而权利主体只能是未成年公民。同时，成年家庭成员面对国家也理应是家庭教育权利主体，因为家庭教育是家庭成员之间相互教育和共同成长的社会机制。《宪法》第四十九条是婚姻家庭的制度性保障条款，也是我国家庭教育国家立法依据的核心条款。不从"制度"及其载体上理解和把握"家庭"这一特定宪法范畴，家庭教育法律关系——家国之间、父母子女之间、成年家庭成员相互之间形成的——的内在冲突与矛盾就无法得以体系性化解，家庭教育的立法边界，即国家介入家庭教育事务的权力疆域也就难以勘定。制度性保障理论加诸国家一项立法责任，其实质并非制度的"现状保障"，而是制度的"本质内涵保障"。家庭教育国家立法不得掏空家庭的制度核心，废弃家庭教育的精神实质。[①]

在立法宗旨与原则方面，有研究者提出，以家庭教育权为逻辑起点的家庭教育立法仅关注父母及其监护人对子女的教育权利，忽视了家庭教育问题深刻的社会原因，对于改善我国普遍的家庭教育状况助益有限。家庭教育立法只有以家庭为立法关注的基本单位，以增强家庭教育能力为立法的宗旨，才有可能从根本上解决当今家庭教育存在的诸多现实问题，并且在实践中明确我国家庭的道德伦理地位，弘扬我国优秀的家庭教育传统。[②]有研究者提出，家庭教育立法的原理是家庭教育私权利与公权力的认识和平衡，本质是构建全员育人、全过程育人、全方位育人的"三全育人"格局。家庭教育法律执行的关键是协同育人，学校和家庭协同，打造家庭育人主要阵地；政府和家庭协同，健全家庭育人体制机制；社会和家庭协同，构建家庭教育社会网络；妇联和家庭协同，指导引导家庭教育开展。[③]有研究者提出，未成年人成为立法关照重点和家庭成员共同成长之间不可偏废。家庭教育立法需在家事立法和行政立法之间作出选择———即家庭教育法究竟是民事特别法还是家庭教育指导法和家庭教育保障法。国家权力过度介入家事私域，家庭教育的均质化未来或艰难可得，特殊化和多元化的家风家学涵养则势必严重流失。家庭教育具有独立的功能和价

---

① 倪洪涛.我国家庭教育国家立法的宪法依据[J].湖南师范大学教育科学学报，2021（5）.
② 刘晓巍，赵菲.从父母权利到教育能力：家庭教育立法之基[J].中国教育学刊，2021（8）.
③ 李健，薛二勇，张志萍.家庭教育法的立法议程、价值、原理与实施[J].北京师范大学学报（社会科学版），2022（1）.

值，不是学校教育的延伸；宪法上的"家庭"是一个制度体，作为一项古老制度，家庭和国家相互构建但整体上又先于国家，"家"及其承载的历史传统和价值内核必须获得国家的制度保障。只有将未来的家庭教育法定位为促进型立法，才能避免国家立法和地方立法之间的法位阶的相互抵牾和衔接成本的严重增加；财政投入不能仅支持家庭教育的工作经费，立法应实现家庭教育立法和社会保障立法之间的制度衔接；特殊保障制度及其周遭社会环境之间张力的消弭是一项长期工作，二者之间的融通须有计划地稳步推进；未来的家庭教育法典中应将自主学习理念和学习权观念贯穿其中，以便促进我国（终身）学习型社会的健康发展。[1] 有研究者认为，"家庭教育权说"和"未成年人学习权说"这两种关于家庭教育立法逻辑起点的代表性观点均有不合理之处。应将未成年人发展权作为家庭教育立法的逻辑起点，这既符合现代亲子关系的子女权益本位原则，又能全面涵摄家庭教育活动所要实现的未成年人身心发展利益。结合法律逻辑推理和立法现实两方面的情况，家庭教育立法的核心要义在于为家长赋能，应重点围绕提高家长的家庭教育能力来构建相应的法律制度，明确国家、社会等相关主体在为家长提供支持尤其是家庭教育指导过程中的权利和义务。[2] 有研究者认为，家庭教育作为一种教育形态，是整个广义教育体系的高质量建设和社会主义现代化强国建设的重要构成，其立法的本质是以国家意志明确家庭教育的重要性并予以规制，以保护和推动其健康发展，服务国家经济社会的重大战略布局。家庭教育的国家立法已有推进，尤其是地方层面的立法探索积累了经验，也反映了一些制度不足和实践诉求，为国家立法提供了现实基础。在理论上，倾向于实体正义的回应型法律范式，是对传统法治秩序的深化和变革，是法律发展的自然延续和理想形态，为我国社会变迁和社会问题导向的家庭教育国家立法提供了行动上的理论解释、实际问题的检视以及路向探索的分析框架。基于回应型法理论的分析框架，结合当前家庭教育地方和国家立法行为的实际，国家立法应在确保家庭教育的科学性、尊重教育规律与未成年人成长规律的前提下，突出家长的主体地位、压实政府的促进职责、发挥学校的引

---

[1] 刘丽，邵彤. 我国家庭教育地方立法的经验与不足——兼评《中华人民共和国家庭教育法（草案）》[J]. 湖南师范大学教育科学学报，2021（3）.
[2] 罗爽，魏儒嘉. 论家庭教育立法的逻辑起点与核心要义 [J]. 中国教育法制评论，2021（2）.

导作用以及优化社会的参与机制。① 有研究者认为，家庭教育立法是完善教育法律体系的必经之路，但家庭教育不应单独割裂来看，家庭教育是家庭成员之间的教育，家庭教育是终身教育体系的重要组成部分，需在终身教育体系框架下确定家庭教育的管理体制，以保障学校、家庭和社会的互相联系、合作共育。国家教育权与家庭教育权相互独立又互为补充，国家保障家庭教育是法定义务，基于国家、社会发展需求和人的发展需要，公权力应当适度介入私权利，但家庭教育权确权、国家如何介入家庭教育均需立法来解决。②

在立法的目的方面，有研究者提出，家庭教育立法应重视"提升家庭教育能力"。在内涵上，家庭教育能力是指父母或者其他监护人在掌握一定的家庭教育知识后，运用恰当的教养方式在日常教养实践中能够顺利实现儿童社会化的心理特质。据此，《中华人民共和国家庭教育法（草案）》在完善时，应该制定包括将提升家庭教育能力作为立法目的，建立教育行政部门主管、其他组织配合的工作机制，规定家长学校的法律地位及其具体任务，规定合适的家庭教育培训项目并构建面向农村留守儿童和困境儿童的"家庭教育开端计划"在内的法律规范体系，从而推动家庭教育现代化进程。③ 有研究者认为，当前我国家庭教育立法不管是在国家层面还是在地方层面，都是以未成年人保护为取向，是一种狭义上的家庭教育立法。但这并不是家庭教育立法的全部，而只是当前立法者囿于思维瓶颈的结果。破解立法思维瓶颈，必须以家庭功能为取向，以广义的家庭教育概念重塑家庭教育立法，并以此增进家庭功能，解决家国问题。④ 有研究者提出，家庭教育立法必须从对传统的回归和对现实的超越两个层面来理解家庭教育的内涵，要注意从宪法角度理解家庭教育，遵循家庭教育规律和未成年人成长规律，尊重家庭教育的自主性与多样性；公权力介入原本为私人领域的家庭教育，应该自我克制，帮助促进提升家庭教育能力。家庭教育立法始终要以未成年人和父母所在的家庭为基础和核心，由内向外扩散建立促进家庭教育的同心圆，学校、社会和国家都要致力于提升家庭自身实施家庭

---

① 刘永林，胡爽，杨小敏.家庭教育国家立法：基于回应型法的理论解释、实践检视与路向探索[J].教育发展研究，2022（10）.

② 周文娟，翟刚学.家庭教育法的逻辑起点[J].首都师范大学学报（社会科学版），2021（5）.

③ 叶强.家庭教育立法应重视"提升家庭教育能力"[J].湖南师范大学教育科学学报，2021（3）.

④ 姚建龙，张善根.家庭教育立法的思维瓶颈与破解[J].中国教育法制评论，2021（2）.

教育的能力，避免越位、错位。家庭教育的立法目的应为培育家庭教育观念，增强家庭教育意识，提高家庭教育能力，保障未成年人健康全面发展，促进全社会共同推进家庭教育工作。①

在立法内容与需要解决的重点问题方面，有研究者提出，家庭教育法治建设包括家庭教育立法、执法以及司法，制定家庭教育法律规范是政府公权力在促进家庭教育方面的职责。应明确家庭教育的主管部门及其职责，明确中央政府与地方政府在家庭教育上的关系，落实具体实施家庭教育的机构，制定家庭教育的实施内容，保障家庭教育经费，落实家庭教育的配套保障措施，规范家庭教育市场，构建家庭、社会和学校一体化的教育网络体系，处理特殊未成年人家庭教育救助事务，构建家庭教育的督导评估制度。②有研究者指出，制定家庭教育法是促进家庭教育和谐稳定发展的必然选择。家庭教育权作为父母天然具有的教育权，其自然性、基础性、复合性、选择性、边界性的法律属性决定了家庭教育立法必须以确认父母的家庭教育权为逻辑起点。家庭教育立法应秉持实现儿童权益最大化的宗旨，将维护儿童生存权、发展权和自由权作为家庭教育立法的首要方向、核心精神和价值基准。当然，家庭教育法所涉及的内容比较广泛、包罗万象，但家庭教育立法中厘清家庭教育法律关系主体的权利、建构家庭教育权有效行使的制度保障体系、明晰家庭教育法律关系主体的基本职责应是其核心内容，意图达致保障儿童健康成长和家庭教育权有效行使的根本目的。③有研究者提出，家庭教育法律应设专章规定有关家庭教育的指导、服务，包括：建立城乡家庭教育指导服务体系；制定家庭教育指导大纲和家庭教育指导服务标准；政府购买家庭教育指导服务；学校建立家长学校开展家庭教育指导活动；学校为家长参加家庭教育指导活动提供指导和帮助；学校协助社区开展家庭教育指导；鼓励国家机关和企事业单位提供公益性家庭教育指导服务；社会公共机构履行与其职能相应的家庭教育指导服务职责；鼓励和支持家庭教育指导志愿服务；社会力量举办家庭教育指导服务机构；在线家庭教育

---

① 姚金菊.立足家庭画好立法同心圆 明确责任协同促进家庭教育 [J].首都师范大学学报（社会科学版），2021（5）.

② 彭虹斌.家庭教育立法的政府责任及实现途径 [J].华南师范大学学报（社会科学版），2021（3）.

③ 祁占勇，王书琴.家庭教育立法：逻辑起点、基本宗旨与核心内容 [J].教育学报，2021（6）.

指导服务机构实行备案制度；家庭教育指导服务机构实行行业自律。①

在实施路径方面，有研究者提出，要保障家庭教育促进法的有效实施，形成良好社会效应，必须加强对政府、学校和父母三方责任内涵的明确；必须建立行之有效的监督和保障机制，以汇聚各方力量支援家庭教育；必须不断完善立法，让有关规定紧贴实际、细致清晰；必须贯彻立法宗旨，以提升素质教育、保障未成年人健康发展为根本立足点。②有研究者提出，家庭教育法治化的具体路径为细化未成年人年龄分层，构建普惠性家庭教育政策体系；发挥中小学校在家庭教育事务上的引导作用，提高家庭教育的专业化；引导社会主体积极参与家庭教育，强化社会主体的社会责任；发挥司法机关最后法律保障作用，打通权利救济"最后一公里"。③有研究者认为，我国家庭教育还存在家庭教育主体权责边界模糊，家庭教育监督评价体系薄弱，家庭教育中缺乏特殊家庭关注。未来，应着力推进家庭教育立法进程，促进家庭教育法制化制度化发展；构建多元联动协同机制，共同推动家庭教育政策贯彻落实；优化完善监督评价体系，保障家庭教育政策真正落地开花；提供特殊家庭教育支持，建立公平正义家庭教育政策体系。④

在地方立法方面，有学者对多省份家庭教育促进条例进行对比分析，提出完善家庭教育地方立法应明确家庭教育内涵，确定家庭教育的法律地位，纠正"家庭教育是学校教育的补充"的错误观念，通过立法将家庭教育放到关乎国家发展、社会进步的高度并给予更多的支持，使其与学校教育平等协同发展，转变立法理念，强化对家庭教育权的保障。坚持问题解决导向，完善家庭教育经费制度，打造专业师资团队，细化问责机制，开展家庭教育精准帮扶，完善家庭教育立法内容。基于法理视角，增强家庭教育立法与其他法律的衔接。⑤

---

① 劳凯声.把握家庭教育性质 推进家庭教育立法 [J].首都师范大学学报（社会科学版），2021（5）.
② 胡洁人，王曦月.依法带娃：家庭教育的立法规制及实施路径——以《中华人民共和国家庭教育促进法》实施为背景 [J].北京行政学院学报，2022（3）.
③ 刘宗珍.依法带娃：家庭教育的法律规制和实施路径 [J].中国青年研究，2022（11）.
④ 张妍，曲铁华.家庭教育政策的历史变迁、现实困境与进路选择 [J].中国人民大学教育学刊，2022（3）.
⑤ 荆峰，杨畅.我国地方家庭教育立法内容分析 [J].中国教育法制评论，2021（1）.

（三）终身教育立法相关研究

在立法的核心概念方面，有研究者提出，加快国家层面的终身教育立法，是推动终身教育理念普及及政策推进的重要举措，也是实现建设服务全民终身学习教育体系目标的必要保障。但关于立法的核心概念到底是适用"终身教育"还是"终身学习"，目前仍存在争议。故明晰概念内涵、理清发展思路，对立法者的预测判断及决策意图的形成意义重大。但就现状而言，无论是立"终身教育法"还是"终身学习法"，均需关注四个问题：一是立法的根本目的必须以满足学习者的终身学习需求为宗旨，这也是基本原则，不可动摇；二是透过概念的争议，需要看清其背后关乎的乃是"教育"与"学习"的本质辩论与理解；三是需要把握当前终身教育发展的现状与未来需要突破的难点，由此明确立法重心；四是如以"终身学习"为名立法，则需注意因理念认识不够深入或理解偏颇而导致立法宗旨的异化。①

在立法进程方面，有研究者指出，我国终身教育立法呈现出制定过程的曲折性、地方立法的先行性、关联立法的分散性。立法推进之所以漫长而艰难，主要源于认识论的博弈相伴而行，即"广义法"抑或"狭义法"的概念分歧、"教育法"抑或"学习法"的定位张力、"强制型"抑或"宣示型"的技术矛盾。立法瓶颈的突破很大程度上取决于对这三个问题的澄清。首先，教育的类型化和教育法律的体系化决定了终身教育立法应着力于社会教育层面，调整学校教育立法难以关照的领域，以避免立法的空泛和庞杂。其次，立法目的固然在于确立学习者的地位和权利，但受限于终身教育发展不平衡、不充分的现实，以"教育法"的名称来强调政府在资源投入、统筹、共享等方面的主导地位更为现实。最后，在组织体制、资源保障、监督管理等方面，应当强化立法规则的可操作性和有责性，最终推动终身教育立法的尽快颁行。②

在立法模式方面，有研究者表示，模式选择是关乎立法质量的程序追问，也是凝聚价值共识的理论追问，更是我国终身学习立法迫在眉睫的现实追问。

---

① 吴遵民，邓璐.终身教育立法中应关注的几个问题——由"终身教育"还是"终身学习"的立法争议谈起 [J].教育发展研究，2022（21）.
② 靳澜涛.我国终身教育立法缘何"难产"：瓶颈与出路 [J].中国远程教育，2021（9）.

我国终身学习立法面临单行立法、统一终身教育法和统一终身学习法模式选择的重大分歧。单行立法模式主张终身教育类型化，因循传统而逐个击破。统一终身教育法模式追求统一基本法的形式突破，但理论取向上仍然比较传统。统一终身学习法模式取向于以终身学习权为法权基础，以公共服务法为法域归属，偏重立法主导体制，主张多元共治，是对传统模式的实质性突破。统一终身学习法模式在价值目标等诸多理论取向上自带与时俱进的优势，是构建终身学习体系的现实选择。①

（四）学前教育立法相关研究

在立法原则方面，有研究者认为，在学前教育立法中落实儿童利益最大化原则，应以明确儿童利益最大化原则的合理内涵为前提条件，以在立法中列举评判儿童最大利益的各项要素为重要内容，以建立程序性机制为重要保障。我国学前教育法草案还存在弱化儿童利益最大化原则地位、评估儿童利益最大化的考量因素过少、缺乏儿童利益最大化原则的程序性保障等不足。我国应当在学前教育立法中凸显儿童利益最大化原则的法律地位，明确儿童最大化利益的评估标准与确定机制，制定落实儿童利益最大化原则的程序性机制。②

在立法进程方面，有研究者指出，多源流理论对分析学前教育立法进程具有较强的解释力。问题流、政策流和政治流可以分别解释学前教育立法问题何以被建构、立法进程何以层层推进以及立法的政治环境如何搭建。经过问题流与政治流的"生成"与"嵌入"、问题流与政策流的"漂进"与"漂出"以及政策流与政治流的"吸纳"与"过滤"等一系列螺旋上升过程实现"三流耦合"，学前教育立法的"政策之窗"成功开启。在法律起草阶段，要超越"多源流"，重视"激活"每一源流在法律制度链条上的作用，针对学前教育事业发展中的关键问题设计具有针对性和可操作性的条款，追求学前教育的"良法"之境。③

在立法内容方面，有研究者提出，《中华人民共和国学前教育法草案（征

---

① 刘新国，沈欣忆，贺志红. 我国终身学习立法的模式选择及其理论取向 [J]. 成人教育，2022（10）.

② 曾皓. 儿童利益最大化原则在学前教育立法中的落实 [J]. 法学，2022（1）.

③ 吴会会. "政策之窗"何以开启：学前教育立法进程透视 [J]. 教育学报，2021（1）.

求意见稿）》的亮点在于明确了我国学前教育的地位与性质，同时体现了儿童本位的立法理念。然而，《中华人民共和国学前教育法草案（征求意见稿）》在学前教育是否应当纳入义务教育体系、学前教育应当采取幼托一体化还是幼托分离、学前教育中政府财政投入占比、学前教育课程是否应当去小学化、学前教师是否应当纳入教师编制及学前教师的任职资格等问题上仍存有争议。《中华人民共和国学前教育法草案（征求意见稿）》应当在三个方面予以完善：明确政府对学前教育财政投入比例、大力兴办公立幼儿园；建立健全学前教育质量标准，促进幼小衔接；在提高学前教师任职资格的基础上给予学前教师应有的教师编制身份。[①]

在立法的政府监管方面，有研究者提出，当前地方学前教育立法中的政府监管难以有效应对学前教育领域面临的挑战，亟须系统性、整体性的政府监管理论的前瞻性指引。在社会治理多元化背景下，智慧监管理论可以为学前教育政府监管的地方立法回应提供重要理论支撑，并在国家层面的学前教育专门立法日渐成熟基础上，全面建构地方立法中的政府监管制度。[②]

在特殊儿童学前教育立法方面，有研究者指出，地方学前教育条例中残疾儿童教育相关条款是残疾儿童学前教育政策体系的重要组成部分。部分省份出台的学前教育条例在残疾儿童入园、资助、特殊教育教师津贴、生均经费、资源教室等方面对残疾儿童学前教育相关上位法进行了具体化，体现出一定的创新性，但也存在部分条款贯彻上位法不到位的情形。建议进一步坚持系统思维与差别原则，对残疾儿童给予合理的差别对待；推进融合教育，扩充残疾儿童学前教育资源；进一步明确经费、设施等配套保障，加强专业化的教师队伍建设。完善地方残疾儿童学前教育相关立法，提升残疾儿童教育相关条款的专业性，加强对地方学前教育条例中残疾儿童教育相关条款的合法性审查，加强地方残疾儿童学前教育相关立法后评估，为残疾儿童平等接受学前教育进一步提供法治保障。[③]

---

① 刘悦，姚建龙.学前教育立法的亮点与若干争议问题——以《学前教育法草案（征求意见稿）》为例 [J].中国青年社会科学，2021（4）.

② 刘永林，王亚卓，杨小敏.地方学前教育立法中的政府监管——基于智慧监管理论的框架建构、实践检视与制度设计 [J].教育学报，2022（5）.

③ 赵小红.地方残疾儿童学前教育立法的问题与对策——基于部分省份学前教育条例的分析 [J].中国特殊教育，2021（1）.

（五）地方教育立法相关研究

　　地方教育立法是我国教育法律体系的重要组成部分，具有保障中央教育立法在地方得以细化落实、因地制宜开展创制性教育立法和提升地方教育治理的能力和水平的功能。有研究者对我国地方教育立法进行了梳理，总结自1962年以来，我国地方教育立法共制定1265件，其中地方性法规815件，地方政府规章450件。地方教育立法的实践与探索，为地方教育事业的发展提供了强有力的制度保障。地方教育立法经历了起步探索、持续发展、快速发展和精细化发展四个阶段，呈现出回应性、执行性、探索性、多样性、地方性五个方面的特征。同时，也存在滞后于教育实践、重复现象严重及公众参与不够的问题。未来地方教育立法精细化的发展与"真善美"的实现，需要在立法时回应时代诉求、完善立法技术、强化立法评估及促进公众参与。[1] 有研究者提出，我国地方教育立法呈现出细化落实与主动创制并行、体系庞杂与趋于统一并行、立法积极与司法沉默并行三个特点，存在细化落实上位法时立法尺度"失准"、地方实际和地方特色突出不足、治理实效有待提高等功能发挥不充分的问题，建议从立法准备、由法案到法和立法完善三个阶段依次入手优化地方教育立法的各项功能。[2] 有研究者指出，自《教育督导条例》颁布以来，各地陆续制定或者修订地方性法规予以落实。通过对37部地方立法文本的分析，可发现地方教育督导立法呈现出立法主体多层级、立法时间跨度大、立法文本规范多样化等特征。审视地方教育督导立法的时效与内容，主要存在要害问题虚化、操作性欠缺，地域特色不明显、针对性不强，部分条款滞后、难以满足时代发展要求，法律规范软化、强制性不足等问题。未来我国地方教育督导立法应在以下方面进一步改进：充实立法内容、增强操作性，凸显地方特色、增强针对性，顺应时代发展、明确立法导向，加强"硬法"规制、提高立法效能。[3]

---

[1] 王重文.我国地方教育立法的回顾与展望[J].中国教育法制评论，2022（1）.

[2] 申素平，王子渊.功能论视角下的我国地方教育立法：现状、问题与优化[J].清华大学教育研究，2022（3）.

[3] 董新良，张俊姣.地方教育督导立法：问题与改进——基于37部地方立法文本的考察[J].中国教育法制评论，2021（2）.

（六）职业教育立法相关研究

在产教融合立法方面，有研究者认为，当前，学术界对产教融合的内涵、模式、路径、政策关注较多，但从法律调整视角的研究相对较弱。从法律性质来看，产教融合法律规范属于教育法范畴。产教融合立法的直接目的在于促进产教对接，根本目的在于提升人力资源质量，立法价值在于维护正常的产教融合秩序。产教融合立法除要遵循宪法性、法治性、民主性、科学性等一般立法的基本原则外，还应遵守统筹协调、权责一致、公众参与的自身基本原则。[①] 有研究者提出，保障高技能人才供给、协调多元主体利益关系、构建技能型社会是职业教育产教融合高质量发展的重要内容，也是推进职业教育产教融合立法的现实需要。产教融合立法要坚持法制统一、问题导向、市场规则、民主立法等基本原则，有效处理立法技术与立法设计等问题，充分彰显推动发展、技能提升、就业促进的价值取向，构建具有中国特色的完备的职业教育产教融合法律制度。[②]

在法律文本研究方面，有研究者对新旧法律文本的对比研究发现，新职教法进一步强化政府责任、细化分级管理、明确地方主责、加大保障力度，构建产教融合、校企合作、行业指导、社会参与的大格局，突出教育类型、拓宽教育功能、提升人才地位、促进就业创业、增进职普融通、推进依法治教，形成了鲜明的立法指向；新职教法建立健全中国特色职业教育体系和职业教育制度体系，将若干重要制度机制固化为法律规定；首次将职业教育概念法定化，提升了法律权威性、科学性、影响力，同时将技术技能人才等尚未明确定义的概念推到前台，据此讨论了技术技能人才概念和职业人才系列问题，并提出相关意见。[③] 有研究者指出，新修订的职业教育法为我国现代职业教育高质量发展提供了根本法律保障。比较 1996 年版职业教育法和 2022 年版职业教育法的异同，从修法、立法、执法视角进行深入研读分析，具有重要意义。从修法背景来看，增强适用性是提出修法的主要原因，吸纳各方意见是全面修法的主要方式；从立法视角来看，新法有法律地位提升、类型地位确立、发展目标明确、法律保障增强四大重要突破，

---

① 刘波，杨沁，欧阳恩剑.试论产教融合立法的目的、价值与原则 [J].职业技术教育，2022（18）.

② 聂如月，方益权.职业教育产教融合立法的现实需求、基本原则及推进思路 [J].职业技术教育，2022（13）.

③ 孙善学.新《职业教育法》立法指向、制度体系与关键概念研究 [J].中国职业技术教育，2022（16）.

以及职业教育管理体制仍不够清晰、国家治理框架构建仍不够明晰、职业教育研究仍不够重视、行业企业主体作用仍不够彰显四大现实局限；从执法角度来看，一是全员学法、营造法治环境，二是严格执法、执法守法并重，三是加强督法、严格执法监督检查，四是完善修法、形成定期修法机制。[①]

（七）校外培训立法相关研究

随着"双减"政策的出台，校外培训的立法问题成为学界关注的焦点。有研究者提出，国家层面出台的"双减"政策既是提升学校育人水平的重要举措，也是持续规范校外培训的指导纲要。然而现实中校外培训治理仍然面临管理评估混乱和市场资本介入等实践困境，其严重影响了教育生态系统的良性运行。为了更好地落实"双减"政策和有效治理校外培训乱象，从立法层面探索出台一部校外培训法成为必然选择。校外培训法首先应遵循上位法的基本原则，并参照其他教育单行法的内容与框架，有效界定校外培训的性质、活动内容及范围、准入退出机制、资产和财务管理细则，使之成为我国教育法律体系中的重要组成部分。具体而言，校外培训法需明确规定校外培训应坚持"育人"的根本宗旨和公益性办学原则，厘清校外培训机构参与教育教学活动的底线与范畴，明确校外培训相对于学校教育的"拾遗补阙"关系。同时，校外培训法需明确规定教育主管部门拥有对校外培训的资格审查权限，清晰界定校外培训机构的法律授权内容与业务开展边界，明确制定针对校外培训办学经费等资产和财务管理的细则。唯有从立法层面进行规范，才能使校外培训走上一条良性发展之路，并为促进中小学生健康成长、满足家庭高质量教育需求、推进国家教育事业发展作出贡献。[②] 有研究者认为，"双减"政策对我国校外教育培训机构监管提出新的挑战。推动校外教育培训机构监管立法既是规范校外教育培训市场秩序的必然要求，也是推进依法行政和依法治教的内在动力。国家对校外培训机构治理的重视和已有的立法基础证明立法时机已经成熟。校外教育培训机构

---

① 彭振宇. 新职业教育法的修法背景、立法分析与执法期待 [J]. 教育与职业，2022（15）.
② 吴遵民，陈晓雨，孟凡星. 关于我国校外培训立法的几点思考——基于"双减"政策落实与校外培训治理 [J]. 现代远程教育研究，2022（5）.

监管立法首先应处理好立法名称、调整对象、模式选择及其在教育法中的地位等理论定位问题，并确立倾斜保护原则、属地管理原则、全过程监管原则和合作治理原则等立法原则。在此基础上，应从总则部分的构成要素、变更与终止规则、监管工具、法律责任条款、监管权力规制体系等方面进行制度建构。①有研究者认为，"双减"政策为乱象丛生的校外培训市场降温，但只是权宜之策。面对校外培训的种种乱象，依法加强校外培训监管成为社会共识。当下校外培训监管存在调整对象不周延、监管对象不明确、部门监管权限交叉等问题。为促进学校教育和校外培训良性发展，需要通过专门立法的方式将校外培训纳入法治化框架。立法涉及的三个基础性问题分别是：厘清校外培训的边界，明确立法的调整对象；框定校外培训监管的基本原则，明确相关主体的行为准则；构建全链条监管制度体系，规范校外培训市场有序发展。②

（八）教育惩戒立法相关研究

古今中外对教师惩戒权都有一定的规定，当前我国相关的法律制度也在从模糊走向具体。有研究者指出，教师惩戒权立法为长期以来教师不敢惩戒、因惩戒而遭报复、滥施体罚等问题提供了法律依据。教师惩戒权立法的价值前提在于"规训"，即规约行为、激发善意与潜能，其实现要考虑教育自由、尊重、信任等因素。而教师惩戒权立法的目的和手段则在于"教化"，即通过化育的形式使学生由"罪与罚"转换为"德与制"，由外在惩戒转化为内在德行，从而使教化成为"有所为""有所不为"的过程。而这一过程要以人为目标、以情为基础、以理为根本、以法为准绳，最终实现学生自由道德精神的建构。③有研究者认为，教育惩戒是学校和教师对违规违纪学生施加的矫治行为，是矫正学生过失、警示他人、维护秩序的教育方式。教育惩戒具有自身独特的功能和作用，然而，我国教育惩戒权的实施陷入认知困境和制度困境。基于观念嬗变，教育惩戒规则出台。但是，教育惩戒权的运行呈现出惧用和滥用的两极化态势；

---

① 刘宁，任海涛.如何立法监管校外教育培训机构 [J].湖南师范大学教育科学学报，2022（5）.
② 王敬波.校外培训立法的三个基础问题 [J].探索与争鸣，2022（9）.
③ 张鹏君.规训与惩教：教师惩戒权立法的教育反思 [J].教育发展研究，2021（4）.

教育惩戒实施的规定过于原则化，多数教师踯躅于惩与不惩之间；教育惩戒的属性不明朗，权力的制度化和权利的制度化存在着冲突。教育惩戒立法的难题，考验着立法部门和教育部门的智慧。我国教育惩戒的立法必须做到科学规范、明确教育惩戒权的性质和分类，规范教育惩戒权行使的正当程序和法律救济，做好教育惩戒权行使的相关保障。[①]有研究者提出，"教育惩戒"强调教育性价值，遵循教育性原则，重视教育性手段，因此排除了体罚、变相体罚等明显具有反教育性的惩戒措施。应该将维护和引导教育性作为教育惩戒立法的目标价值，并促进"惩戒事实"与"教育规范"的辩证统一。[②]

（九）其他教育立法相关研究

在生态文明教育立法方面，有研究者提出，生态文明教育是提升国民生态素养的重要方式，在生态文明建设中处于基础性地位，发挥着不可替代的先导性作用。生态文明教育是一种具有全民性和终身性的奠基性工程，生态文明教育实践理应系统化、规范化和制度化。由于缺少法律制度的规范和保障，生态文明教育在实践中不可避免地出现了盲目和混乱状态，很多地方的生态文明教育甚至流于形式。生态文明教育迫切需要立法保障。为加快生态文明教育立法进程，需要对生态文明教育立法的必要性和条件、立法的内容和重点方向、立法的配套政策和体系等问题展开探讨。[③]

在专门性教育立法方面，有研究者以 2020 年我国对《中华人民共和国预防未成年人犯罪法》的修订为视角，提出专门教育的专项立法已被列入国务院立法日程，相关的地方性立法工作也正在进行中。未来专门教育立法应以未成年人利益最大化为原则，回应未成年人的矫治教育需求；应以专门教育发展的现实为基础，重点完善专门教育指导委员会评估制度，厘清专门教育和专门矫治教育的概念，最终构建多层次的、体系化的专门教育制度。[④]

---

① 左崇良，胡劲松.教育惩戒的制度困境与立法考量 [J].当代教育科学，2021（7）.
② 张宇恒，李晓燕.教育性：中小学教育惩戒立法的价值选择 [J].中国教育法制评论，2022（1）.
③ 岳伟，李琰.生态文明教育亟须立法保障 [J].教育科学研究，2021（2）.
④ 周颖.回应型立法理念下专门教育立法的走向——以《预防未成年人犯罪法》修订为视角 [J].中国人民公安大学学报（社会科学版），2022（3）.

在未成年人保护立法方面，有研究者提出，《中华人民共和国宪法》第四十六条第二款规定"国家培养青年、少年、儿童在品德、智力、体质等方面全面发展"，这表明最大限度保障未成年人发展权是未成年人法律的根本立法目的。发展权的实现就是为了不断改善全体人民和每一个人的福利，确保全体人民和每一个人都有权参加、推进和取得各方面发展成果。最大限度保障未成年人发展权就是依法特别、优先保护未成年人发展机会的充分性、均等性。根据实现前述根本立法目的的不同基本功能，未成年人保护立法由具有相对独立性的"三根支柱"构成，包括以《中华人民共和国未成年人保护法》为代表的支持积极生育及未成年人合法权益保障法律，以《中华人民共和国预防未成年人犯罪法》为代表的分级矫治未成年人罪错行为法律，以《中华人民共和国刑法》为代表的科学惩罚涉罪未成年人法律，体现了对于未成年人的三种定位和基本功能。"第一根支柱"秉承支持主义理念，将未成年人视为未来的有效人力资本，健全支持积极生育及未成年人合法权益保障的制度。"第二根支柱"秉承矫治主义理念，将未成年人视为容易被环境诱使实施违法犯罪行为的高危人群，健全分级矫治未成年人罪错行为的制度。"第三根支柱"秉承转处主义理念，将未成年人视为年幼的犯罪人，健全科学惩罚涉罪未成年人的制度。此外，涉罪未成年人保护刑事立法还具有"保护区""试验田"和"连通器"的具体功能。[1]

在社区教育立法方面，有研究者表示，我国社区教育立法在国家层面尚无实践，基本以地方立法形式出现。国家层面立法缺位、地方性法规实施性较差，是我国社区教育立法目前面临的主要问题。另外，与终身教育立法、家庭教育立法之间的关系，也是社区教育立法需面对的问题。要解决上述问题，一是加快国家层面社区教育立法进程；二是立法实践要采取"宜细不宜粗"的立法原则，明确涉及社区教育体系架构、保障机制等内容；三是应将终身教育法律法规提至普通法地位，优先立法。[2]

---

① 叶小琴.未成年人保护立法的理念与制度体系 [J].中外法学，2022（3）.
② 李恒广，张毅.我国社区教育立法现状及完善建议 [J].成人教育，2021（5）.

四、教育行政相关法律问题研究

2021 年以来，研究者围绕教育行政法理、教育行政权责清单、教育行政执法实践以及教育行政争议等问题展开了相关研究。

（一）教育行政法理相关研究

教育法典化背景下，教育法与行政法二者的法典化趋向一直为学界热议。有学者认为，法典是法律技术高度发达的标志与产物，也是法律概念规范建构与精准运用的最佳典范。根据对民法与行政法的核心概念"法律行为""行政行为"的概念嬗变、价值定位与体系功能的分析，教育法典的核心概念应当实现形式理性与价值理性的统一，具有促进外在与内在体系整合的基础性品格，并彰显教育法学独特的价值追求。[①] 有研究者提出，教育法典制定中应当由行政法理主导并将其嵌入其中。应把行政法理作为教育法典化的法理基础，教育法典要在行政法理念和原则指导下整体构型，以行政法理的视角整合教育法典的若干元素，将行政法典总则作为教育法典的逻辑前提。同时，在教育法典中将行政法相关机制嵌入，包括教育行政主体与教育行政相对人之间的法律关系定位、法律保留与法律优先原则的确立、正当行政程序机制的构建和权利救济司法最终化的遵从。[②]

（二）教育行政权责清单相关研究

教育行政机关是最重要的教育行政法律关系主体，是在教育领域行使权力的国家行政机关，既包括各级政府，也包括教育行政部门和其他主管部门。有研究者通过梳理 12 部法律、19 部行政法规、48 部行政规章发现，教育行政机关具有以下职权：教育行政立法权或规定权、教育行政许可权、教育行政处

---

① 申素平，周航.论教育法典的核心概念：基于法律行为与行政行为的启示 [J].华东师范大学学报（教育科学版），2022（5）.

② 关博豪.教育法典制定中行政法理的主导与嵌入 [J].江汉论坛，2022（9）.

罚权、教育行政处分权、教育行政给付权、教育行政指导监督权和其他权力。教育行政机关与民办学校存在许可、处罚和监督等外部关系，与公办学校以处分、预算、人事等内部关系为主。教育行政机关与教师、学生直接发生法律关系的情形较少。①

在教育行政权责清单方面，有研究者认为，教育行政权责清单是全面依法治国、依法治教背景下推进教育行政执法体制改革的基础性制度，具备教育法治建设与教育治理变革两大方面的制度功能。解决教育行政执法领域执法需求与执法能力之间的突出矛盾对执法活动的跨部门协同提出了更高要求，但实践中教育行政权责清单制度存在的"碎片化"问题严重制约跨部门协同目标的实现。为了提升教育行政执法协同效能，应适度拓展教育行政权力清单的规范性依据层级，充分发挥教育行政权责清单的行政组织法功能，创新教育行政责任清单编制模式，推动教育行政权责清单制度在新时代改革创新。②

有研究者基于研究样本，聚焦清单公布形式与内容要素对权责清单制度实施情况进行分析，发现总体反映教育行政权责清单公布方式基本统一、清单形式呈现多元化，权力类型趋于一致、清单事项要素差异明显，责任清单普遍设立、内容编制粗细不一，更新时间频次不定、监督方式公开有限等实践特征。这蕴含了当前教育行政权责清单制度实践中对系统的清单制定标准、科学的权力设定依据、严整的责任清单要素和有效的执行监督机制的现实诉求。新时代完善教育行政权责清单制度，应以实践特征和现实诉求为出发点，加强顶层设计，形成统一的清单编制标准；规范权力依据，确保行政权力事项来源合法；夯实责任清单，构建权责一致的责任追究机制；设置更新周期，建立常态合理的清单调控机制。③

在教育行政权力下放方面，有研究者认为近年来总体呈现出中央向地方教育行政权力转移进程不断加快，地方政府管理教育事业权责不断强化的特点，反映出权力下放历程同步经济社会发展、下放节奏反映教育发展规律、下放方式凸显自上而下模式和下放事项主动回应社会诉求的重要逻辑。办好人民满意的教育亟须以推动教育行政审批制度改革为突破口，在教育行政权力下放过程

① 管华.论教育行政机关的法律地位 [J].华东师范大学学报（教育科学版），2021（1）.
② 高杭.教育行政权责清单制度的反思与重构 [J].教育研究，2021（2）.
③ 刘永林，宋定洪.教育行政权责清单制度的实践检视、现实诉求与规范路向 [J].中国教育学刊，2021（12）.

中，顺应经济社会发展趋势，更加注重上下协同推进，更加突出改革问题导向，加强"放管服"一体化推进，进一步激发地方政府和社会参与办学的活力。①

（三）教育行政执法实践相关研究

教育行政执法体制改革是建设法治政府的客观需要和重要内容。《法治政府建设实施纲要（2021—2025 年）》提出行政执法要实行"局队合一"的体制。有研究者提出，进行"局队合一"的教育行政执法改革，有必要构建"教育行政部门为主、督导机构辅助"的教育执法主体模式，构建以教育行政部门内部综合执法为主、外部联合或协作为辅的综合执法运行框架，实行教育行政部门常态化执法为主、运动型执法为辅的机制，区分教育行政罚与刑事罚，并加强教育行政执法裁量基准建设。②"情节细化"和"效果格化"是裁量基准的主要技术构造。教育行政执法中裁量基准的完善路径包括：拓展裁量基准的类型；裁量基准设定的相对义务化；理顺裁量基准设定的主体关系；裁量基准设定程序适当引入公众参与；保证裁量基准的灵活性等。③有学者认为，既要坚持广义的教育行政执法概念，更要将多元执法主体和行为纳入行政法规体系，与行政法治的基本理念、原则、制度相衔接，还应当兼顾法律实施的一般性与教育法调整对象的特殊性，实现刚性执法与柔性执法、协同执法与相对集中执法权、硬法规范与软法规范的结合，充分发挥不同执法体制机制在教育治理中的制度价值。④

我国教育行政执法呈现单一执法、联合执法和综合执法三种体制并存，并且逐步转向综合执法体制的发展趋势。探索教育综合行政执法是新时代深化教育行政执法体制改革的重要方向，其制度效能的发挥需要实现多种类型的行政执法资源的深度整合。有研究者指出，当前我国教育行政执法中存在的主要问题有：执法专业化程度偏低，跨部门联合执法难以形成整合机制，委托执法责权不清晰，运动式执法和专项治理缺乏持续性。有研究者认为，虽然部门内综

① 刘永林. 教育行政权力下放：演进历程、基本特征与趋势展望——以教育行政审批权为中心 [J]. 北京社会科学，2021（4）.

② 彭虹斌. 教育行政执法 "局队合一" 体制改革研究 [J]. 教育理论与实践，2022（25）.

③ 王春蕾. 教育行政执法中裁量基准的实践逻辑与完善路径 [J]. 湖南师范大学教育科学学报，2021（2）.

④ 湛中乐，靳澜涛. 教育行政执法权的强弱两极化运行及其调适 [J]. 湖南师范大学教育科学学报，2021（2）.

合执法和联合执法对专项整治执法的效果显著，但仍存在教育行政部门执法力量不强、联合执法机制不健全等问题；跨部门综合执法能够有效提高执法效率，但存在职权转移依据不足、衔接不畅等问题。推进教育行政执法改革，需要畅通执法衔接机制，深化综合执法实践探索；坚持赋权赋能并举，充分发挥基层镇街组织的作用；加强执法信息化建设，整体提升教育行政执法效能；厘清执法权力边界，完善教育行政执法监督体系。① 有研究者提出，在教育综合行政执法改革中，综合执法部门承接专业性执法事项能力不足、执法问题线索获取方式落后、行政执法权下沉不彻底等突出问题亟待破解。未来需要坚持合理确定教育行政执法权划转范围与优化跨部门协作流程并重；尊重教育行政执法行业逻辑，切实发挥教育行政部门主导作用；创新教育行政执法方式，提升教育行政执法智慧化水平，努力开拓以科学配权、流程优化、体系保障、技术支撑为特色的教育领域综合行政执法改革路径。②

在教育行政执法信息公开方面，有学者研究发现，教育行政信息公开实践中存在依申请公开事项仍可细化、主动公开事项不到位，不予公开事由繁杂、申请人权益保障受限，法院裁判依据多样、地方政府规章适用率不高，行政相对人胜诉率偏低、法院对行政监督乏力等实施境况。为加快教育治理现代化进程，在教育行政信息公开制度的发展中应进一步夯实信息公开主体规范，全面推行负面清单制度，提升信息公开制度实效，优化信息公开监督机制。③

（四）教育行政争议相关研究

《中小学教师实施教育惩戒规则（征求意见稿）》发布后，教育惩戒权是否属于国家教育行政权、教育惩戒行为是否属于行政处罚引发讨论。教育惩戒开始出现在地方立法中，现实中的表现更是灵活多样。有研究者提出，教育惩戒权的法律属性定位是教育惩戒相关立法、执法、司法及其内部构造等一系列

① 邓素怡，胡劲松.教育行政执法实践探索及其改革进路——基于×市三种执法体制的比较 [J].教育发展研究，2022（Z2）.
② 高杭.跨部门协同视域下教育综合行政执法改革的挑战与应对 [J].清华大学教育研究，2021（6）.
③ 刘永林.教育行政信息公开制度的实践诉求与规范路径 [J].复旦教育论坛，2022（4）.

制度架构的核心。《中小学教育惩戒规则（试行）》第十八条间接承认了教育惩戒权的行政权力属性，然而并未对教育惩戒权究竟属于行政处罚权、行政强制权、行政指导权等行政权力谱系中的何种具体行政权力以及教育惩戒权有何特殊性等问题做出强有力的回应。通过实践、理论、立法、解释四个维度对教育惩戒权的行政法律属性分析后可以得出：教育惩戒权是一种兼具行政性、处罚性、特殊性的行政处罚权。[①]有学者进一步提出，在我国法律体系中，教育惩戒不同于管教、处分和体罚。教育惩戒权不是国家权力，更不因《中小学教师实施教育惩戒规则》的制定而成为国家权力，而是专业权力，是学校和教师教育教学自由的范畴，教育惩戒行为应限于事实行为。揆诸各国，并无统一的教育惩戒模式。将教育惩戒与行政处罚区分开来，是最小代价的立法选择。[②]

在教育行政处罚方面，有研究者通过分析教育行政处罚决定书、裁判依据和判决结果的相关数据，发现教育行政处罚实践存在专门规章适用率不高、非法定违法情形普遍、执法行为规范化不足和司法对行政监督乏力等特征，凸显了当前教育行政处罚制度在规范体系、违法情形、处罚程序和处罚实施等方面存在的不足。当前，深化教育行政处罚制度改革，应以新修订的《中华人民共和国行政处罚法》通过为契机，以实践困境与诉求为出发点，尽快启动《教育行政处罚暂行实施办法》的全面修改，进一步增强规范体系的系统性，扩大违法情形的覆盖面，推进处罚程序的法治化，提升处罚实施的实效性。[③]

五、学校管理相关法律问题研究

管理制度不断健全是党的十八大以来教育法治建设的点睛之笔。在国家和地方法律制度框架下，学校内部逐渐形成了依法治校、依法执教以及依法受教

---

① 张远照，熊丙先. 多维视域下教育惩戒权的行政处罚权属性证成 [J]. 学术探索，2021（9）.
② 管华，程子洳. 教育惩戒与行政处罚的关系辨正——围绕《中小学教师实施教育惩戒规则（征求意见稿）》的思考 [J]. 现代教育管理，2021（2）.
③ 刘永林. 教育行政处罚制度的实践特征、变革动因与发展路向——兼论《教育行政处罚暂行实施办法》修改 [J]. 复旦教育论坛，2021（3）.

的教育法治新格局，学校管理制度日益健全。2021 年以来，学术领域对于学校管理相关法律的研究主要围绕依法治校、学校治理现代化等方面展开。

（一）依法治校相关研究

在"依法治教"与"依法治校"二者的逻辑关系方面，有研究者提出，作为现代教育管理的两大命题，"依法治教"的概念形成于教育立法的恢复和繁荣阶段，因应了教育治理工具的转型，而"依法治校"的提法在进入新世纪后才逐步成形，旨在重塑学校治理结构，二者是主体不同的两个层次、重点不同的两个方面、不同阶段的两个重点。依法治教和依法治校的逻辑关联并不局限于宏观与微观之间的场域转换，它们在教育法治进程中相互依存：学校内嵌于整个教育系统中，依法治教为依法治校奠定了必要的基础，而学校身兼多重法律角色，由其生发的法律关系极为复杂，依法治校则成为依法治教的关键任务。更为重要的是，二者之间的互动耦合还形成了"软硬兼治""多元共治""学校自治"等新型教育管理模式，极大地拓宽了教育法治的内容和形式。[①]

在"形式法治"与"实质法治"的逻辑关系方面，有研究者提出，二者作为近代社会两种主流的法治观，是深入理解依法治校的理论之匙。形式法治看重治校规则的形式要件，突出依法而治，强调治校秩序；实质法治注重治校规则的实质价值，奉行良法善治，重视权益保障。目前，治校规则的充盈并未带来高校法治水平的同步提升，这是依法治校实践中的突出问题，其根源在于高校仍然践行形式法治的依法治校。迈向实质法治的依法治校，应着重提升学校规章制度立法质量，建构权利本位文化，施加程序权责约束，把好用人监督机制，促使高校成为良法善治的先锋和楷模。[②]

在"法治"与"人治"的关系方面，有学者进行过相关研究，指出能人治校是学校管理的常态，依法治校是学校治理的终极状态。能人治校与依法治校并不必然相冲突，能人治校并不意味着违法治校，依法治校也并不否定能人的正向作用。二者属于学校运行的两个状态。建立现代学校制度，法治性是其中

---

① 靳澜涛. 依法治教与依法治校的逻辑审视与现实观照 [J]. 现代教育管理, 2021（1）.
② 段斌斌. 从形式法治迈向实质法治：高等学校依法治校的战略选择 [J]. 高等教育研究, 2021（6）.

最重要的特性。在能人治校转变为依法治校的过程中，能人校长能够发挥出重大的作用，但前提是能人校长能够完成转型。法治能够提升学校治理的公共性，帮助能人校长减负和赋能，从全能校长中解脱出来，让校长专注于初心，把精力放在成为"教育家"上，致力于学校的内涵式发展。①

（二）学校治理与制度建设相关研究

在学校教学制度及管理制度方面，根据教育部印发的《依法治教实施纲要（2016—2020年）》《全面推进依法治校实施纲要》《全国依法治校示范校创建指南（中小学）》，以及各省、自治区、直辖市出台的《关于开展依法治校示范校创建活动的通知》，目前学校逐渐形成了完善的教育教学制度、人事管理制度、学籍管理制度、财务管理制度、后勤保障制度、招生工作制度、师资管理制度和安全管理制度等。在学校章程建设方面，依据《中华人民共和国高等教育法》《高等学校章程制定暂行办法》等，目前已有113所高校章程经教育部审议通过，"一校一章程"的格局逐渐形成。有研究者指出，科学决策机制、民主管理机制、决策执行与监督机制以及校内纠纷解决机制不断健全是党的十八大以来学校法治高水平建设的关键议题。依据《中国共产党普通高等学校基层组织工作条例》《坚持和完善党委领导下的校长负责制的实施意见》等，公办高等学校逐渐形成了党委领导下的校长负责制；依据《民政部直属中等专业学校校长负责制实施办法（试行）》精神，部属中等专业学校逐步推进校长负责制；依据《职业学校校企合作促进办法》，职业学校逐步建立了有行业企业人员参加的学校理事会或董事会，形成了校企合作决策机制；依据《关于建立中小学校党组织领导的校长负责制的意见（试行）》等，中小学、民办学校充分发挥基层党组织的政治核心作用，逐步健全了校长负责制。②

在学校治理体系与治理能力现代化方面，有研究者以习近平法治思想为指导分析了高校治理体系和治理能力现代化的内涵及要素，提出习近平法治思想

---

① 王晋.在"能人治校"和"依法治校"之间：现代学校制度的当下境遇——兼论校长职能转变的"加减法"[J].教育发展研究，2021（11）.

② 马焕灵.党的十八大以来中国教育法治新样态：理念、制度与行动[J].现代教育管理，2022（10）.

是高校依法治校工作的根本遵循。新时代，以习近平法治思想的核心要义指导高校依法治校工作，以法治思维和法治方式提升高校治理现代化水平，必须坚持党的领导，从高校改革发展稳定的全局出发，紧紧抓住领导干部、制度体系、师生权益、法治教育四个要素，为新时代深化高等教育改革发展提供重要支撑。[①]有研究者提出，高等教育从管理体制改革到治理现代化，是一个与时俱进的过程。在高等教育管理体制改革目标尚未实现的情况下推进治理现代化，需要将二者作为同一历史进程中两个相辅相成的阶段来考察。高等教育治理现代化表现为高等教育的共治、法治和善治，以高等教育管理体制的改革为必要条件。当前可以从高等教育的立法者、管理者、办学者三元着手构建"最小多元"的治理体系，同时通过多元治理主体的协同作用促使高等教育管理体制改革真正有所突破。[②]

（三）其他相关研究

在中小学办学自主权方面，有研究者提出，建设高质量教育体系，增强中小学校的办学活力，破解政校关系中的"收放"怪圈，实现学校依法自主办学，需要明晰办学自主权的边界。对中小学办学自主权边界的划定，必须从中小学校的组织属性出发，分析办学自主权边界的构成。基于学校作为法人组织、专业组织和公共组织的特殊性，中小学办学自主权边界可划定为法律边界、专业边界和伦理边界。要恪守办学自主权的法律边界，需要进一步提高教育法治化水平；恪守办学自主权的专业边界，需要实现中小学内部的科学分权，限制学校内部的行政管理权，充分保障教师的教学自主权和学生的学习自主权；恪守办学自主权的伦理边界，需要坚持以人民为中心的思想，完善学校内部的民主决策机制，以便重要的教育利益相关者能够真正参与到学校决策中来。[③]

① 王菁菁.试论高校治理现代化路径——以习近平法治思想为指导 [J].江苏高教，2021（6）.
② 周川.从管理体制改革到治理现代化：中国高等教育的时代命题 [J].高等教育研究，2022（7）.
③ 蒲蕊.高质量发展阶段我国中小学办学自主权边界 [J].华中师范大学学报（人文社会科学版），2022（4）.

六、高等教育相关法律问题研究

随着教育法治建设的发展，我国高等教育领域法律问题研究经历了萌芽、发展、深化三个阶段，涌现了大量优秀的学术成果，总体呈现由实践推动到理论挖掘、由焦点关注到全面研究的发展态势。2021—2022 年间，高等教育领域法律问题研究主要涵括《中华人民共和国高等教育法》、高校法律地位与权利、高校内部治理、学位相关法律研究等内容。

（一）高等教育法律法规相关研究

在完善高等教育法律体系方面，有研究者指出我国高等教育法律体系的逻辑起点源于我国《中华人民共和国宪法》和《中华人民共和国教育法》及相应的中国教育法律体系，是中国教育法律体系的自然延伸和逻辑展开，但《中华人民共和国高等教育法》与《中华人民共和国学位条例》并存，造成高等教育法律体系的技术分离，更在法治实践中形成了高等教育和学位管理的二元化实施体制。"十四五"期间，应当从法典化、一元化、层级化、类别化等方面完善我国高等教育法律体系。[①]《中华人民共和国高等教育法》作为中国高等教育法治实践的顶层设计，为推动中国现代高等教育的发展起到了不可磨灭的作用，也为建设中国特色社会主义高等教育强国提供了重要的规范供给。有研究者对《中华人民共和国高等教育法》中的"软法性条款"进行专门研究，提出所谓"软法"，虽不以国家强制力为终极保障，但却是拥有拘束力的行为准则或行为规范。依据"连接词"之差异，合并使用语义分析，可将《中华人民共和国高等教育法》法律条文拆解为"软法性条款""半软法性条款"和"硬法性条款"。经统计，"软法性条款"的占比高达 68.84%，"半软法性条款"的占比达 29.71%，远超其他法律中的平均占比。在运行实践中，"软法性条款"并非真的"软"，虽然在逻辑要素上缺乏罚则机制，但它通过营造"拘束力"

[①] 汪华, 孙霄兵. 中国高等教育法律体系的逻辑结构与立法完善 [J]. 华东师范大学学报（教育科学版）, 2021（6）.

来实现"自我救赎",并外化为"权力主导型"实施模式、"政策辅助型"实施模式和"资源引导型"实施模式。新时代下,应在《中华人民共和国高等教育法》中增设"法律责任"篇,建构"软法性条款"和"硬法性条款"的有序转化机制,设定"软法性条款"的专门执行机制。① 有研究者提出,目前在高等教育行政法问题方面的研究仍存在缺憾,教育立法研究存有不足,教育行政行为研究并不全面、教育行政争议研究尚不充分。为了进一步推动研究的深入,未来应从强调高等教育领域立法研究聚焦、完善教育行政行为研究、回应新型教育行政诉讼案件、增强学科交叉融合研究等方面进行优化改进,以构建成熟完善的高等教育问题研究体系,推动高等教育法治建设。②

(二)高等教育学校法律权利相关研究

在高校自治权方面,有研究者提出,高校以章程管理学生,其制定章程的权力来源于国家教育权和高校自治权。由于受相关法律存在欠缺与模糊、高校内部行政权力过分干预、传统教育观念较浓厚等多种因素影响,章程内容多有瑕疵,难以实现维护学生权利的目的。为保证高校自治权的正确行使,应在穷尽高校内部救济的前提下,将高校自治权适度纳入司法审查的范围,并以重要性理论为标准以避免司法过度介入,从而形成一个良性的多元化纠纷解决机制,达到通过程序正义实现实体正义之目的。③

在高校招生权方面,有研究者认为,在现有法律制度中,高校具备法律法规授权组织和事业单位法人的复合性法律主体资格。未来,学术界应对高校法律地位理论进行重塑,使其成为得以容纳法律法规授权组织、行政相对人、学术自治团体以及事业单位法人等不同主体资格的定位理论。招生权属于高校作为法律法规授权组织时行使的权力,是行政权力;高校的招生行为属于外部行政行为,具备可诉性。对高校招生权进行司法审查应坚持有限审查原则、程序性审查与实质性审查并重原则。长远地看,关于高校招生权可诉性命题的研讨

① 廉睿,卫跃宁.《中华人民共和国高等教育法》中的"软法性条款"研究 [J]. 中国高教研究,2021(5).
② 程雁雷,李敏瑞.我国高等教育行政法问题研究:回顾与展望 [J]. 现代教育管理,2022(5).
③ 李晏,杨洋.高校自治权的法律规制研究 [J]. 黑龙江高教研究,2021(4).

有助于为司法机关审理高校行为提供统一的标准与扎实的理论支撑。①

在高等教育"放管服"方面，有研究者认为，受行政性分权格局与内部行政关系传统的束缚，我国高等教育领域"放管服"改革仍然面临着政府"放不下"与高校"接不住"的两难困境。中央与地方各有关涉教部门以及高校，对于"放管服"改革的利益分歧与观念冲突，直接衍生出改革意愿不足、实质性突破缺乏与制度空间约束等问题，折射出"政策驱动型"改革模式的弊病与限度。当前，亟待统筹规范主义与功能主义两种改革进路，促进政府与高校分权从行政性分权向法律分权与功能分权转变，以实现政府依法有效监管能力与高校依法有效治理能力的协同提升，并最终破解"放管服"改革的两难困境。②

在合作办学方面，有研究者认为，内地与港澳合作办学高校的办学自主权运行存在立法保障体系松散、行政服务机制不善、纠纷解决方式单一等问题，对内地与港澳高等教育的深度合作有所掣肘。根据法的运行理论，可从立法、行政、法律救济三个维度提供法治保障。首先，从完善综合性授权立法制度、制定专门性文件以及推进跨境合作办学的常态化规划等路径健全立法保障体系。其次，从强化行政支持力度以及建立部门协调机制等方式完善行政管理机制。最后，综合运用教育申诉、复议、诉讼制度健全法律救济机制。③

（三）高等教育治理相关法律问题研究

党的十八届三中全会提出"推进国家治理体系和治理能力现代化"。在教育领域，我国通过"固根基""扬优势""补短板""强弱项"等方式强化制度变迁，推进高等教育治理体系和治理能力现代化，大幅提升了大学治理效能。有研究者提出，制度优势更好地转化为治理效能是中国大学达至良治与良序的基本遵循。大学治理效能因制度设计的合法性危机、制度发展的路径依赖以及制度实践的结构功能失衡掣肘而大打折扣。修复大学治理生态、提升治理效能，

---

① 刘旭东.公立高校招生权的可诉性分析——兼论对高校法律地位理论的反思 [J].高教探索，2021（3）.
② 姚荣.高等教育领域"放管服"改革的两难困境与破解策略 [J].南京师大学报（社会科学版），2022（1）.
③ 周国平.内地与港澳合作办学高校的办学自主权：运行困境与法治保障 [J].湖南农业大学学报（社会科学版），2022（3）.

应当通过利益主体角色的精准定位和认知图式的科学重塑复归大学学术组织属性；应当通过建立健全符合法律法规、体现自身特色的制度体系践行制度变迁的历史逻辑、理性逻辑和法治逻辑；应当通过顶层设计和效益激励整合"强致性"与"诱致性"制度变迁。①有研究者认为，公平、公正与公开是大学治理程序正义图谱的三项基本要素，是大学治理迈向良法善治的核心要义。大学治理法治化之所以能够走向程序正义进路，得益于法定程序条款的增加与行政程序立法的特殊适用、政府监管对师生程序性权利的普遍关注、司法审查介入大学自治的程序审查及高等教育领域行业规范的程序规制。由此可见，程序正义规则并非一种内生的、自生自发的秩序，而是借由立法监督、司法审查、政府监管以及行业规范等多重规制力量的介入，能够较好地回应大学作为特殊公域的属性以及师生权利救济的复杂性和多元性的秩序。重审大学治理法治化的程序正义进路，需呼唤学术自我规制的"程序化"变革，以便更好地保障师生的合法权益，增进大学裁量决定的实质合法性与正当性。②有研究者认为，作为高等教育治理理论创新的基本前提，话语体系的反思与转换体现在宏观语境、中观议题和微观工具等三个方面。首先，要实现从"西方中心"到"中国立场"的语境转换，立足高等教育发展不平衡不充分的现实，既要强调自主办学和社会参与，也要发挥政府在规则制定、公平保障、纠纷化解等方面的"元治理"作用。其次，要实现从"结构主义"到"规则逻辑"的话题拓展，传统高等教育治理研究在府学关系的二元结构中建立起问题意识和理论议题，但忽视了治理过程的动态机制和权力运作的多样性差异，亟待嵌入规则视角，从不同行动者的微观互动、博弈之间窥探高等教育治理机制及其演进。最后，要实现从"硬法之治"到"软硬混治"的工具变迁，教育法治的实现既要坚持教育法律（"硬法"）的立改废释和有效执行，也离不开教育政策（"软法"）的宏观指引和微观落实，通过二者的衔接协调、互补谐变方能彰显高等教育治理的专业性和特殊性。③

---

① 马焕灵.大学治理效能提升的制度变迁逻辑——兼评《法理与学理——大学学术不端行为问责研究》[J].吉首大学学报（社会科学版），2022（1）.
② 姚荣.论大学治理法治化的程序正义进路 [J].河北师范大学学报（教育科学版），2022（1）.
③ 靳澜涛.我国高等教育治理话语体系变迁的三重维度 [J].清华大学教育研究，2022（5）.

在高校章程建设方面，有研究者对内地与港澳合作办学高校进行研究，提出此类高校的依法治理工作在推进粤港澳大湾区高等教育合作发展中日益重要，但合作办学高校章程因法律位阶不高、内容规定欠缺、修订程序复杂等问题致其在高校法治体系中对内对外功能不彰，为此应按照我国大学章程建设的总体要求并充分考虑港澳高校的法治传统，探讨从立法、执法、司法、守法四个法治维度深化合作办学高校章程建设。在坚持合法性原则、权益保障原则、高校自治原则和因校制宜原则的基础上，明确章程的法律位阶、丰富章程的规范内容、完善章程的执行监督机制，建立司法机制与守法机制，推动内地与港澳合作办学高校依法治校并实现科学发展。①

在高校法治化建设方面，有研究者基于对 33 所一流大学建设高校的调查发现，高校法治机构在面对法治建设的新要求时，出现组织定位不清晰、人员队伍配备不足、机构设置不合理等现实问题，存在组织目标出现偏差、行政效率降低、法治机构力量有所弱化和职责泛化等潜在风险。面对这些问题，高校应进一步完善法治机构顶层设计，加强人员队伍配备，完善保障机制，推动高等教育法治化迈入新的发展阶段。②

在高校学术治理方面，有研究者指出，高校学术治理权作为内生于大学学术心脏地带具有契约指向的学术自治公权力，本质上属于大学自治范畴，其合理性与合法性根源于宪法保护的学术自由。行使高校学术治理权需要在学术自由的秩序空间内，基于行政法的基本规范以及学术民主胜任的价值规则，坚守有限的行政权力介入与尊让学术裁量、有限的程序正当与学术实质正义优位兼顾、有限的司法审查与学术自治监督并重的共同底线。在学术自治与学术法治的共生博弈过程中，高校学术治理权的行使既需要根植于大学学术发展内在逻辑的学术自治规制，又需要来自公法秩序的互动规制，在恪守大学内部治理自治正当与合意表达的前提下，形成大学与社会、国家之间互动合作的善治愿景。③有研究者认为，在科研评价改革，尤其是"破五唯"的背景下，以量化制和代

① 周国平 . 内地与港澳合作办学高校章程法治化建设新探 [J]. 高教探索，2022（3）.
② 谢阳薇，章晶晶 . 高校法治机构运行现状及其风险辨析——基于 33 所一流大学建设高校的调查 [J]. 复旦教育论坛，2021（5）.
③ 陈亮 . 高校学术治理权：性质判定、基本立场与践行标准 [J]. 教育发展研究，2022（11）.

表作制为代表的传统学术评价已不能满足我国高校学术评价的客观要求，需要建立一套符合我国国情的学术评价制度，优化学术资源分配，纠正以论文评价代替学术评价的倾向，解决高校学术评价中存在的行政权力过分干预、程序性规则不足的问题。而随着高校内部"放管服"改革的深入，高校学术评价也应与法治理念相适应，从程序性和实体性两方面建立和完善高校学术评价制度，以司法手段保障学术评价的公信力，以协议或法律保障研究者的合法权利，促进学术成果在学术市场内由应然层面向实然层面转变。① 有研究者针对"学术自由""学术规范"以及"学术事务去行政化"等当前学术治理的症结所在，倡导从要求学术自治走向践行学术法治，以学术法治维护和保障学术自治；推动学术治理由政治思维向法治思维转换，将大学应有的学术权利以及对大学的追责以法律形式加以固化，从而提升学术治理现代化水平。提出实践路径为：完善立法，通过修改《中华人民共和国高等教育法》确认公办高校的特殊本质和规律，明确其法人权利和责任；以"权力清单"规制行政权力，以"权利清单"保障学术权利；对公办高校学术失范依法追责，以及对内部主体学术不端行为进行问责。②

在高等教育评估方面，有研究者指出，我国高等教育评估法律制度由不同位阶的规范性文件组成。高等教育评估确立了法律地位，评估行为实现了法制化，评估实践活动具备了法治保障，但也存在着评估法律规范调整滞后、评估法律制度缺乏统筹考量等问题。进入全面深化综合改革的新时代，高等教育评估法律发展面临着管办评分离、"放管服"改革以及深化新时代教育督导体制机制改革等制度变革宏观环境。新时代高等教育评估法的总体审视应在评估制度全面深化改革、评估立法可行性和联动性等方面基础上，进而从基本定位和关键性规范探讨其转向调整。高等教育评估法的基本定位要考虑评估法律关系多元化、评估法律位阶提升、政府评估权限规制等方面；关键性规范包括解决第三方评估机构的权力来源、建立评估认可制度和创设评估救济制度等。③

---

① 李梦阳，杜佳欣.论我国高校学术评价法治化 [J].中国教育法制评论，2022（1）.
② 陈恩伦，李亚勍.学术治理现代化的思维转换与路径选择——兼评《法理与学理：大学学术不端行为问责研究》[J].贵州师范大学学报（社会科学版），2022（4）.
③ 李明磊.我国高等教育评估法律制度：核心规范、问题审视与转向调整 [J].清华大学教育研究，2022（4）.

（四）学位相关法律问题研究

《中华人民共和国学位条例》是我国第一部教育法律，在依法推进学位与研究生教育进程中意义重大。有研究者指出，随着时代发展，《中华人民共和国学位条例》面临一系列重大挑战，现正处于全面修订《中华人民共和国学位法》的重要阶段。《中华人民共和国学位条例》实施过程中产生的法律纠纷主要包括三种类型，分别涉及学位授权审批、学位授予标准和学位授予程序。《中华人民共和国学位条例》的修订应当紧跟经济和社会发展需要，回应现实法律纠纷，在保护学位申请人权利、明确学位管理体制、完善学位类型和条件、规范学位授权和授予程序，以及加强学位质量保障等方面进行重点调整，以更好地规范学位授权审批和学位授予行为，保护学位申请人的合法权益。[①] 有研究者认为，遵守学术规范是学位授予中的重要行为规范，高等学校学生因学术失范问题而被撤销学位的纠纷案件屡有发生，这显示了法治对高校治理的介入趋势。由于现行《中华人民共和国学位条例》对学术规范的法律效力位阶定位不清，如何确定高校学术规范的法律效力成为高校治理和教育法治实践的难点，这就需要立法的跟进。学位条例的修改应与高校依法治理结合起来，通过将学术规范入法，明晰学位授予中学术规范的法律效力渊源与位阶，将高校教育管理和学术自由结合起来，形成法治与高校自主办学的共治形态，促进高校治理体系和治理能力的现代化。[②]

在学位授予审批方面，有研究者指出，我国学位授权审批本质上属于行政许可，学位授权审批实践中存在政策管控过严、审批工作失范等现象，涉嫌违反行政许可及行政程序相关法律制度原理或规则。大学学位制度转型难以实现及学位授权审批与高校自主办学不断走向平衡的趋势，决定了基于现有国家学位制度的优化是解决当下学位授权审批法律问题的可行性选择。优化学位授权审批制度需在《中华人民共和国学位法》中确立逐步扩大高校办学自主权的法律原则，并明确学位授权审批的行政许可属性，进行竞争性"限量许可"模式

---

① 申素平，延然.对《学位条例》修订的若干思考 [J].大学与学科，2022（3）.

② 余俊，王少仁.学位条例修改引入学术规范的法理依据与制度构造 [J].安徽师范大学学报（人文社会科学版），2021（1）.

改造；在学位授权审批工作中确保省级学位委员会决议能够做到"行政与学术相对分离"，并明晰高校在学位审批中的权利救济路径。[①]

在学位评定方面，有研究者指出，学位评定委员会是高校行使学位授予权的机构，承担具体学位授予工作，既是高校的学位管理机构，也是学术权力体系的重要组成部分，与分委员会之间呈现领导与被领导的关系，并对学位申请具有最终批准权。然而，实践中高校学位评定委员会存在着学位评定委员会审查能力不济、分委员会审查作用不显、两级学位评定委员会审查职责不明等困境。基于此，高校学位评定委员会需要从重构两级学位评定委员会之间的监督关系，确定学位评定委员会形式审、分委员会实质审和两级学位评定委员会交叉审方式等方面进行法律规制，从而为制定《中华人民共和国学位法》提供新思路。[②]

在学位授予标准方面，有研究者指出，法律授权逻辑确立的初衷在于化解救济路径难题，却延伸至高校学位授予标准的实体合法性判断，不但未能澄清授权的意涵，而且对法律授权与学术自治的关系予以模糊处理。从国家行政权的角度来理解法律授权，意图通过法律保留与比例原则来建构高校学位授予标准的正当性，忽视了法律授权的内在界限，混淆了法律授权与学术自治的关系，导致司法审查的约束变松。法律授权难以借助法教义学来形塑对高校学位授予标准的约束，在行政主体制度得以根本变革之前，学位立法应当赋予学术自治独立价值，并确立程序和实体原则来监督学术自治。对高校学位授予标准的司法审查同样应当遵循程序合法性与实质合法性的双重标准。[③]有研究者指出，学位授予标准的类型化纠纷包括成绩纠纷型、论文纠纷型、处分纠纷型。当前，学位授予标准存在内部、外部两个层面的问题。从长远来看，宏观层面明确高校校规设定学位授予标准具有法律界限、学术自治对学位授予标准具有一定限度、违纪处分不必然与学位授予标准挂钩；微观层面国家设定相对统一的学位授予标准、明确高校设定学位授予标准的内容和限度、强化对高校设定学位授

---

① 徐靖，徐纪元.学位授权审批的法律问题及其解决 [J].高等教育研究，2021（9）.

② 康韩笑，祁占勇.高校学位评定委员会审查力的现实困境与法律规制 [J].研究生教育研究，2022（4）.

③ 伏创宇.高校学位授予标准的正当性逻辑 [J].法学，2022（6）.

予标准的审查监督。①

在学位授予行为方面，有研究者提出，对高校学位授予行为进行法律规制是学生、高校、法院三方关注的核心问题，分别对应学位获得权的最终实现、学位授予标准的内在逻辑、司法裁判的去形式化。为实现高校自治权与学位获得权的平衡，学位授予行为需遵循相对性法律保留，将侵益性学位授予行为、羁束性学位授予行为（含内部羁束性学位授予行为）及义务性学位授予程序纳入保留范围；还需构建多元法律规制体系，明确暂缓授予学位与先行授予学位的适用情形；此外，还要明确学位授予与学位撤销制度间的衔接机制。②

在高校学位授权点撤销方面，有研究者指出，我国高校学位授权点的撤销日渐常态化，且在学位质量保障、学科建设规划、院校考核评估等方面作用显著。根据现行立法，学位授权点撤销包括资格确认和撤销两个环节，行政授权撤销说和行政处罚说都不足以全面揭示其法律特征，其应当被界定为行政许可撤销。然而，其制度设计和实践运行的许可化改造并不彻底，主要表现为：权责关系和权义结构不甚清晰、评估标准和专家组成并不透明、程序规则和救济机制暂付阙如等。为此，《中华人民共和国学位条例》的修订不仅要对学位授权点撤销的评估标准、专家组成、评议规则、信息公开等作出专门规定，而且要引入程序性制度和权利救济机制，以便加强撤销结果的合法性和正当性。同时，基于许可辅助性原则，有必要在学位授权点建设过程中加强信息监管、论文抽检、质量约谈、行政指导、第三方评估等新型规制手段，推动政府监管模式重塑和高校内控体系建设之间的合作互补。③ 在学位撤销程序方面，有研究者提出，行使学位撤销权的行为属于未形式化的行政撤销行为，必须实现法治化。学位撤销权的学术权力属性使得学位撤销行为有别于一般行政行为，为避免司法对高校自主权的干预，法院借助程序审查来实现对学位撤销行为的合法性控制。然而有关学位撤销的制定法依据存在明显的供给不足，脱胎于自然公正思想的正当程序成为学位撤销相对人寻求救济的最后一道防线。通过一系列判例发展，正当程序原则实现了从法理运用到独立适用，其背后是程序工具主义向程序正

---

① 高晨辉. 学位授予标准的司法现状、存在问题与完善对策 [J]. 黑龙江高教研究，2021（11）.

② 王晓强. 高校学位授予行为的法律规制研究 [J]. 复旦教育论坛，2022（3）.

③ 湛中乐. 学位授权点撤销的法律属性及其规制路径 [J]. 中国教育法制评论，2021（2）.

义主义、程序参与权向多层次程序权利的理念转变。[①]

七、民办教育相关法律问题研究

在我国现行体制和基本国情下，民办教育对我国教育事业的优化提升也有着不可估量的积极作用。2021 年 4 月，国务院公布新修订的《中华人民共和国民办教育促进法实施条例》（以下简称《实施条例》），是对 2016 年和 2018 年全国人大常委会两次修订的《中华人民共和国民办教育促进法》（以下简称《民办教育促进法》）的进一步细化。近两年，学界关于民办教育相关法律的研究主要围绕《实施条例》和《民办教育促进法》展开，重点聚焦民办学校的内部治理、民办学校法律退出机制及学生权益保障等方面。

（一）民办教育法相关研究

民办教育较之公办教育具有鲜明的特殊性。民办教育彰显了多元主体借由市场参与教育事业的价值，表现出公法与私法价值的结合与融贯，对于中国教育法典整体性价值的阐扬大有助益。有研究者提出，从法律关系上分析，民办教育的法律关系主体更加多元，客体具有更强的司法性，权利与义务关系更为复杂。民办教育法应当在教育法典中独立成编。不仅在技术上可能，从意义上看，能够推动中国教育法的新发展，或将成为教育法典的一大亮点。[②] 应确立民办教育的价值遵循，包括在实践层面丰富教育体系，在理念层面推动教育创新；并按照"教育主管部门—办学单位—学生"的教育法律关系对民办教育进行系统规范。民办教育法编的体例结构应当参照《中华人民共和国民法典》的有益经验，采用"通则—具体规定"结构编排内容体系：先确定本编通则的原则性

---

① 王由海.学位撤销程序的法治化构建——兼论《学位法》学位撤销程序条款的制度设计 [J].高等教育研究，2021（6）.
② 王思杰，包琳儿.论民办教育法在教育法典体系中的地位 [J].中国教育法制评论，2022（2）.

规定，包括保障民办教育的平等地位，支持其办学特色，秉持公益性与营利性的融贯，接受政府引导等；继而在具体的规范体系中对教育主管部门、办学单位、教师与学生等相关内容进行详尽的规定，力求促进民办教育的发展。[1]

（二）民办学校内部治理相关研究

《实施条例》在优化学校治理结构的基础上，多措并举促进治理"形式"与"实质"的统一。为了构建支持与规范并举的外部治理体系，《实施条例》在创新政府支持路径、健全外部监管体系两大方面着重发力，并通过相关条款的创新设计和具体突破为民办义务教育未来发展指明方向。有研究者提出，提升民办义务教育治理体系现代化水平，应坚持以公平与质量为目标，加快从碎片化治理转向整体性治理，从粗放式管理转向精细化治理，从单边管制转向协同共治。法人治理体系决定着学校的决策权、执行权、监督权之间相互合作制衡关系。进一步优化民办义务教育学校内部治理结构，应以学校章程为基本纲领，以学校党组织为政治核心，以学校董事会（理事会）为决策中心，以学校监事会为监督力量，从提升学校管理者领导力、构建互信人际关系、坚守公益属性方面促进民办义务教育学校内部有效治理。[2]

自 2016 年《民办教育促进法》修订以来，营利性民办高校的法律地位得到确认。有研究者认为，以办学是否以营利为目的，可以将民办高校法人性质划分为营利性法人与非营利性法人，但是这一划分标准对民办高校的法人治理结构的规定较为笼统，没有区分营利性民办高校与非营利性民办高校的不同治理模式，导致中国营利性民办高校在实践中呈现董事会受股东控制、教师监督缺乏、内部分权制衡机制不合理，非营利性民办高校捐助法人属性不明确、党委和教师监督机制缺失等状况。基于产权理论与不完备契约理论，明确民办高校产权性质，对民办高校剩余控制权作合理划分是优化民办高校法人治理结构的必然路径。在未来民办高校法人治理结构改革中，应当根据产权性质对民办高校法人性质作区分。对营利性民办高校，应当构建股东会、董事会、监事会

---

① 王思杰. 教育法典中民办教育法编的内容安排 [J]. 青少年犯罪问题，2021（6）.
② 阙明坤，顾建民. 提升民办义务教育治理现代化水平的框架设计与立法突破 [J]. 中国教育学刊，2021（9）.

三权分立的现代公司治理结构；对于非营利性民办高校，应当构建以理事会为核心，校长独立行使权力，教师、党委、政府监督的共同治理模式。[1]

有研究者进一步提出，建立健全以理事会为核心的决策机制是完善民办高校法人治理的核心内容和重中之重。民办高校理事会从诞生以来的信托实体至今逐步演化为民办学校的内设机构，从世界范围民办高校发展史看，其发挥了不可估量的作用。《民办教育促进法》在未区分非营利性民办高校财产权的情况下，将理事会规定为民办高校的中枢决策主体，此种制度设计造成该法与《中华人民共和国民法典》设置的法人类型不能完全对应，给非营利民办高校理事会治理造成了困难。在现实中，非营利性民办高校理事会存在权力过于集中、校长治理权无法保障、缺乏监督机制等诸多问题。在未来改革中，应当以办学财产的归属和来源是否是捐赠作为区分非营利性民办高校法人性质的标准，形成以理事会为核心、校长独立治校、教职工和党委共同监督的共治格局。[2]

（三）其他相关研究

在民办学校学生权益保障方面，有研究者提出，营利性民办学校是我国规范和发展民办教育过程中分化出来的新型办学主体，资本逐利性的特征，导致营利性民办学校在办学过程中产生营利性与公益性的冲突，易引发对公民入学机会平等权、受教育选择权、受教育条件保障权和自主发展权等受教育权的损害，可通过建立税收优惠制度、制定科学合理的收费监管机制、加大社会监督力度等措施强化教育的公共性，促进营利性民办学校对公民受教育权的保障。[3]

在民办学校退出法律机制方面，有研究者认为，近年来，受到少子化、竞争加剧、高成本经营和全球化等内外因素的影响，部分民办高校经营不善、难以为继，面临破产和退出。民办高校的退出不仅事关举办者、投资者利益之得失，而且关系到学生和教职员工合法权益之保障，因此建构一套科学完善的民办高校退出法律机制实属必要。民办高校退出法律机制之建构应该就建立和完善财务风

---

① 黄勇升.民办高校法人治理结构的反思与重构 [J].江苏高教，2021（2）.
② 任海涛.非营利民办高校的理事会治理及其制度完善 [J].江苏高教，2021（2）.
③ 杨挺，王红.营利性民办学校公民受教育权保障问题研究 [J].中国教育法制评论，2022（2）.

险管控机制、建立经营预警机制、强化合并诱因机制、确立重整再生机制、构建清算与接管机制、完善利益相关者权益保障机制等内容进行重点规制，从而有效预防民办高校退出和使民办高校安全退出。[①] 有研究者提出，应当通过法律推理与论证，明确相关问题的法律使用标准。具体而言，应以《中华人民共和国企业破产法》确立的"不能清偿到期债务，并且资产不足以清偿全部债务或明显缺乏清偿能力"为营利性民办学校破产退出事由。破产申请主体包括营利性民办学校、债权人以及依法负清算责任的人。营利性民办学校既可以适用破产清算程序，也可以适用破产重整制度与和解制度。破产债权清偿应遵循担保物权、破产费用、公益债务、受教育者债权、教职工债权、税收债权、普通债权的清偿次序。[②]

八、职业教育相关法律问题研究

近两年来，随着《中华人民共和国职业教育法修订草案（征求意见稿）》及《中华人民共和国职业教育法》的陆续推出和颁布，我国职业教育法律逐渐完善，研究者们对职业教育的关注日益增长，围绕职业教育政策中的重大问题开展深入分析论述，特别是聚焦职业教育立法及职业教育治理中的热点和难点问题，推动了理论探讨和实践探究的相关文献数量显著增加。

（一）职业教育法律研究

职业教育法的修订和实施，是推动职业教育依法治理、高质量有序发展的根本保障。在 2021—2022 年职业教育法修法并实施的关键两年间，众多学者高度关注职业教育法的理念逻辑、发展关键、实施路径等问题，同时对新法的目的价值、特征概念、实质要义、具体策略等予以不同层面的解读，以期通过理论研究实现对政策推行的智力支撑和改革实践的指导价值。其中，邢晖、祁

---

① 杨彬权，宋世娟.民办高校退出法律机制研究 [J].黑龙江高教研究，2021（11）.
② 余冬生.营利性民办学校破产退出的法律适用 [J].中国教育法制评论，2022（1）.

占勇、孙善学以及中国教育科学研究院教育法治与教育标准研究所研究团队在该领域的研究成果较为丰富。

一是关于职业教育法修订研究。薛二勇等人（2022）认为，职业教育修订的基本原理基于职业教育既是教育体系也是技能体系，应兼顾教育性和技术性。[1] 马雷军等人（2021）认为，要在《中华人民共和国职业教育法》修订中把握好职业教育与国家发展、职业教育与普通教育、技能教育与知识教育、升学与就业、学业证书与职业资格证书、教师的理论能力与实践能力、教育部门与人社部门、经费的政府责任与社会家庭分担、学校与行业企业九种关系。[2] 黄亚宇等人（2021）认为，《中华人民共和国职业教育法》修订的目的是明确职业教育作为一种类型教育应具有的法律地位，以及为职业教育实践性教学环节的有效实施提供切实可行的产教融合制度保障，为此需建立"以人为本"的价值理念，突显"权利之法"和"救济之法"的价值取向，对参与职业教育活动利益相关主体的权利保障作出切实有效的回应。[3] 杨润勇（2021）认为，要用习近平法治思想指导《中华人民共和国职业教育法》修订逻辑，并从价值、理论、实践三重进路上予以体现。[4] 祁占勇等人（2022）从多源流理论视角出发，针对职业教育修订过程中的问题源流、政策源流、政治源流之间的耦合互促，解读新法修订过程的动态机制。[5]

二是关于新职业教育法的解读研究。陈子季（2022）指出，新《中华人民共和国职业教育法》是增强职业教育适应性，加快建设技能型社会的根本之法，[6] 为新时期职业教育发展提供了方向指引和行动指南。[7] 曾天山等人（2022）认为，新《中华人民共和国职业教育法》以保障职业教育高质量发展为目标，为全面建设社会主义现代化国家提供有力的人才和技能支撑。[8] 邢晖（2022）在回顾

---

① 薛二勇，李健.职业教育法修订原理、关键点与实施路径 [J].行政管理改革 2022（10）.

② 马雷军，周文娟，王许人.《职业教育法》修订要处理好九大关系 [J].职业技术教育，2021（12）.

③ 黄亚宇，李小球，雷久相.《职业教育法》修订的演进历程、法理基础与价值取向 [J].职业技术教育，2021（27）.

④ 杨润勇.习近平法治思想指导《职业教育法》修订的三重逻辑 [J].职业技术教育，2021（12）.

⑤ 祁占勇，王书琴，何佑石.多源流理论视域下新职业教育法的修订过程研究 [J].教育与职业，2022（15）.

⑥ 陈子季.深入贯彻落实《职业教育法》依法推动职业教育高质量发展 [J].中国职业技术教育，2022（16）.

⑦ 余祖光.构建现代职业教育制度新格局：新职业教育法要义初探 [J].教育与职业，2022（15）.

⑧ 曾天山，李杰豪.新《职业教育法》保障职业教育高质量发展 [J].中国职业技术教育，2022（16）.

《中华人民共和国职业教育法》修订历程的基础上，提出新《中华人民共和国职业教育法》的精神内涵包括类型、多样、融通、放权、提质五个基本特点，这将推动未来职业教育实现从层次到类型，从单一到多元，从封闭到通达，从统一到下放，从数量到质量等五个方面的转变。[①]杜越等人（2022）认为，新《中华人民共和国职业教育法》的重大突破在于从起点公平、过程公平和结果公平三方面为保护公民受职业教育权平等提供了法治保障。[②]

三是关于新职业教育法的实施研究。王振洪（2022）认为，新法背景下高职院校要强化党建引领、坚持创优争先、推进依法治校、深化产教融合，办高质量发展、类型特色突出的职业教育。[③]何佑石等人（2022）认为，要以职业教育高质量发展为抓手，通过新兴技术重塑职业教育生态系统、高质量发展本科层次职业教育、完善"职教高考"制度等，推进普职协调发展行稳致远。[④]孙善学（2022）强调，落实新法、办好职业教育必须处理好政府与社会的关系，特别是要对县级以上人民政府及其有关部门发展职业教育的法定职责、社会各方面参与职业教育的法律要求进行研究与梳理。[⑤]

（二）职业教育治理现代化过程中的热点难点研究

法治化是职业教育治理现代化的必然选择，[⑥]通过提高治理效能推动职业教育高质量发展。近两年间，在推动职业教育治理现代化的过程中，产教融合和多方主体的权责问题是众多学者研究和关注的热点和难点所在。

一是产教融合问题。王志远（2022）从民事法律地位和行政法律地位两个视角阐释职业教育产教融合型企业的特殊性，为深化产教融合、校企合作提供了法律依据。[⑦]刘波等人（2021）认为，制定《产教融合促进条例》单行行政法

---

① 邢晖.《职业教育法》修订的历程回顾与新法内涵基本点及其影响的分析 [J].中国职业技术教育，2022（24）.
② 杜越，祁占勇.公民受职业教育权平等保护的法治保障：新《职业教育法》的重大突破 [J].职业技术教育，2022（19）.
③ 王振洪.新职教法颁布后高职院校应抓住机遇谋求新发展 [J].教育与职业，2022（12）.
④ 何佑石，祁占勇.推进普职协调发展：新《职业教育法》任重道远 [J].职教论坛，2022（6）.
⑤ 孙善学.新《职业教育法》视域下发展职业教育的政府责任与社会协同 [J].中国职业技术教育，2022（29）.
⑥ 王明志，王丹.论法治视域下的职业教育治理现代化 [J].职业技术教育，2022（7）.
⑦ 王志远.职业教育产教融合型企业的法律地位研究 [J].中国教育法制评论，2022（2）.

规和地方性法规，是产教融合法律调整的根本路径。①黄亚宇等人（2022）提出，由国务院出台《职业院校混合所有制办学条例》，运用公私法融合的立法技术保障职业教育的公益性与市场化改革，并从办学协议、设立要求、办学管理、激励机制、法律责任等方面具体设计立法内容。②姚奇富（2022）认为，产教融合思维主线应是"经济模式—产教融合—办学模式"，为此，可将职业教育以某种形式嵌入企业内部运行体系，使企业真正成为职业教育的重要办学主体。③

二是多方主体的权责问题。学者更多关注企业主体的权责和学生主体的权益。如江春华（2022）认为，贯彻落实新《中华人民共和国职业教育法》，推动企业重要办学主体作用落地见效，需要政府依法行政、企业积极践行、学校依法办学，构建学校—企业—政府的三螺旋创新模型。④吕建强等人(2022)认为，新《中华人民共和国职业教育法》通过明确立法目的、丰富实体权利、补充教育救济为保障学生权益赋权，同时以打破升学"天花板"、破除就业"出身论"和提升"获得感"为职教学生增能，体现了新法对学生合法权利的保障。⑤

九、教师相关法律问题研究

《中华人民共和国教师法》作为我国第一部教育单行法，其"颁布难能可贵，26年厥功至伟"。⑥在《关于全面深化新时代教师队伍建设改革的意见》《中国教育现代化2035》等政策的新要求下，《中华人民共和国教师法》的修订迫在眉睫，2021年两会中再次明确提出了加快《中华人民共和国教师法》的修订进程的议案，2021年底发布《中华人民共和国教师法（修订草案）（征求意见

① 刘波，欧阳恩剑.《职业教育法》修订背景下产教融合法律调整的路径分析 [J].职业技术教育，2021（27）.
② 黄亚宇，尹长俊.职业院校混合所有制办学的法理思考与立法建议——基于公私法融合的视角 [J].职业技术教育，2022（15）.
③ 姚奇富.新职教法背景下深化产教融合制度的路径 [J].教育发展研究，2022（17）.
④ 江春华.如何发挥企业重要办学主体作用？——新《职业教育法》的规制与行动方略 [J].中国职业技术教育，2022（34）.
⑤ 吕建强，任君庆.赋权与增能：新《职业教育法》保障学生权益的内涵解读 [J].中国职业技术教育，2022(34）.
⑥ 管培俊.关于修改《教师法》的若干问题 [J].教师发展研究，2021（1）.

稿）》（以下简称《征求意见稿》），2022 年 5 月 5 日，全国人大常委会公布 2022 年度立法工作计划，将教师法的修改纳入预备审议的项目。[①] 教师队伍建设改革急需适切的法律支持，教师相关法律研究不断深入和拓展。《中华人民共和国教师法》的修订导向应"将习近平总书记有关重要论述以及党和国家关于新时代教师队伍建设改革的部署要求固定为法律，将实践证明行之有效的改革经验上升为法律，将人民群众和广大教师的强烈呼声体现到法律"。[②]

（一）关于《征求意见稿》文本的修订

《征求意见稿》颁布后，学者们对其意义、内容及修法方向进行了探讨。如朱旭东（2022）认为，《征求意见稿》直面时代发展和新问题、回应"教师职业"等实践关切，体现教师为本理念，旨在通过营造尊师重教的法治环境和保障教师的合法权益，彰显法之理性与法之功能。[③] 余雅风等人（2022）认为，《征求意见稿》昭示了教师主体地位逐渐凸显，[④] 同时仍需在职务考核制度、培养制度、外部激励制度、福利待遇保障制度等方面进一步激发教师的自主动力。众多学者也从《征求意见稿》修订视角提出了若干建议，如仍需建构责任条款的外部体系、完善责任条款的内部体系；[⑤] 修订权利义务条款时应对复合性内容进行单独规定；[⑥] 为保障教师权利，应形成行政处罚为主的教师法律责任差序格局[⑦]；将培训机构教师与外籍教师纳入法律调整范围，明确寒暑假薪酬标准和条件，对体罚和惩戒进行操作界分，将师德规范转化为法律要求，构建适应教师队伍状况的多元解纷机制。[⑧] 此外，基于上述领域的教师法律相关研究还包括《中华

---

① 全国人大网. 全国人大常委会 2022 年度立法工作计划 [EB/OL]. [2022-05-13]. http://www.npc.gov.cn/c2/c30834/202205/t20220506_317718.html.

② 管培俊. 关于修改《教师法》的若干问题 [J]. 教师发展研究，2021（1）.

③ 朱旭东. 论中国教师队伍建设的法律支撑——基于《教师法》修订的分析 [J]. 中国教育学刊，2022（5）.

④ 余雅风，王朝夷. 以教师主体视角完善教师法律制度 [J]. 中国教育学刊，2022（5）.

⑤ 陈仁鹏. 论新"教师法"责任条款的体系化构造 [J]. 教育发展研究，2022（12）.

⑥ 肖登辉. 关于《教师法》中教师权利义务条款的几点修订建议 [J]. 湖北教育（政务宣传），2021（10）.

⑦ 于一帆. 教师法律责任的双轨制缺陷与整合——兼评《教师法（修订草案）（征求意见稿）》教师法律责任条款 [J]. 复旦教育论坛，2022（2）.

⑧ 段斌斌，孙霄兵. 《教师法》修订可以通过司法反哺立法——兼评《教师法修订草案（征求意见稿）》[J]. 湖南师范大学教育科学学报，2021（5）.

人民共和国教师法》的实施策略探讨，如在分析我国 29 个省份实施《中华人民共和国教师法》地方性法规的基础上，提出未来《中华人民共和国教师法》地方性法规可从教师惩戒权、教师身份、准入门槛以及教师责任等维度入手凸显创新性，并通过建立地方性法规数据库等途径加强地方立法的特色性。[①]

（二）关于教师法律地位的研究

教师法律地位是《中华人民共和国教师法》修订的核心。[②]《征求意见稿》将教师法律地位从一重分化为双重，即教师不仅是专业人员，也是国家公职人员 [③]，体现了尊师重教，回归教师法律制度的基本功能。[④] 研究者已认识到教师法律地位研究的必要性与重要性，并建议针对不同教育阶段、不同性质学校对教师法律地位分别予以界定。如建议将公办中小学教师的法律身份界定为教育公务员 [⑤⑥]，也有学者认为应将其进一步限定为：义务教育阶段公立学校教师为教育公务员，非义务教育阶段公立学校教师为公务雇员 [⑦]，民办教育教师应确定为学校雇员 [⑧]。针对高等学校教师，应将其法律地位界定为"国家特殊公职人员"，并有效区分同为国家特殊公职人员的高校教师与中小学教师的差异所在。[⑨]

① 牛慧丹，赵彬.实施《教师法》地方性法规的特色性研究——基于我国 29 个省份地方性法规的内容分析 [J].教师发展研究，2022（3）.
② 张良禹.公务与专业：教师法律地位的再认识 [J].教育评论，2021（8）.
③ 申素平，郝盼盼.从教师法律地位的变化看《教师法》的修订 [J].中小学管理，2022（1）.
④ 王俊，秦惠民.全球教育治理视域中公立学校教师法律地位的重构 [J].比较教育研究，2022（2）.
⑤ 湛中乐，王岩《教师法》修订对教师权利义务条款的完善——兼评《教师法修订草案（征求意见稿）》第 9—14 条 [J].中国人民大学教育学刊，2022（5）.
⑥ 杨挺，李伟.公办中小学教师作为国家公职人员的特殊法律地位 [J].中南民族大学学报（人文社会科学版），2021（7）.
⑦ 余雅风，王祈然.教师的法律地位研究 [J].华东师范大学学报（教育科学版），2021（1）.
⑧ 张良禹.公务与专业：教师法律地位的再认识 [J].教育评论，2021（8）.
⑨ 刘旭东.国家特殊公职人员：高校教师法律地位的时代界定与法治意蕴 [J].大学教育科学，2021（4）.

（三）关于教师权利义务的研究

　　教师法律地位的实质内涵是由法律制度规定的具体权利和义务同构而成。[①] 教师由专业人员转变为国家公职人员后，就需要重构与其特殊法律地位相符的权利义务体系。在权利方面，《征求意见稿》将教师权利数由六项扩充为七项，新增研发成果权，同时丰富了原有权利内容。湛中乐等人（2022）认为，权利义务条款的完善是修法的关键任务，建议增设教师的对不当指派、无关事项的拒绝权和获得救济权。[②] 在义务方面，作为国家公职人员，教师应负有为党育人、为国育才和立德树人、维护国家教育安全、服从国家教育行政部门管理、不得进行营利性兼职等义务[③]，遵守教师职业规范。在规范教师职业行为时，要强化师德失范法律责任，例如，将师德失范行为纳入法律规范处理、扩充教师法律责任的类型和适用条件等，[④]但应当注意程序，允许教师进行申诉和救济，同时遵循教师权益优先原则、必要性原则和分级分类规范原则，避免侵犯教师作为普通公民的基本权利。[⑤]

　　在关于教师权利义务的相关讨论中，关于教师惩戒权的研究最为丰富。《征求意见稿》将教育惩戒权纳入教师基本权利，研究者围绕教师惩戒权的性质、行使困境及实施方式、保障监管等方面提出法律修改和实施建议。在教育惩戒权性质方面，尚存在"权力"抑或"权利"的属性之争。张家军等人（2022）认为，教师惩戒权是一种法定性权力和职业性权力，不能在法律范围之外任意扩大教育惩戒权，也不能随主观意愿弃用教育惩戒权。[⑥]但雷博雅等人（2021）认为，惩戒权是教师的合法权力，同时也是教师的职业权利之一。[⑦]教师惩戒权的"权利"应以教师专业性为基础，而教师惩戒权的"权力"在法理层面上应来源于国家

---

① 王俊，秦惠民.全球教育治理视域中公立学校教师法律地位的重构 [J].比较教育研究，2022（2）.
② 湛中乐，王岩.《教师法》修订对教师权利义务条款的完善——兼评《教师法修订草案（征求意见稿）》第9—14条 [J].中国人民大学教育学刊，2022（5）.
③ 唐倩，方茜兰.公办中小学教师作为国家公职人员的特殊义务及其法律规制 [J].中国教育法制评论，2022（2）.
④ 申素平，郝盼盼.从教师法律地位的变化看《教师法》的修订 [J].中小学管理，2022（1）.
⑤ 陈波.《教师法》修订视域下教师职业行为的界定原则和分类 [J].教育发展研究，2022（12）.
⑥ 张家军，黄晓彬.教师教育惩戒的权力性质、合理性及实施保障 [J].现代教育管理，2022（9）.
⑦ 雷博雅，张小莉.小学教师教育惩戒权研究综述 [J].教育实践与研究（C），2021（Z1）.

教育权力，任何单一的属性"权"都不够有效。[1]教育惩戒权立法的价值前提在于规约行为、激发善意与潜能，立法的目的和手段则在于"教化"，从而实现将外在惩戒转化为内在德行的过程。[2]由于教师教育惩戒权的行使依旧面临着惩戒理念与惩戒行为难统一、执行程度难裁量、化解惩戒纠纷成本高、平息惩戒事势及舆情难的困境，[3]管华等人（2022）提出在现有《征求意见稿》基础上进一步明示"体罚适用治安处罚"。[4]也有学者依据"责权利"理论框架，建议应形成责任、权力、利益一览表，让学校和教师能够有效地理解和实施。[5]从微观权力运作视角出发，教师实施教育惩戒时准确界定学生违纪行为，制定惩戒规则应尊重学生知情权，选择运用适当惩戒手段，遵循惩戒程序正当性原则等。[6]针对目前"学生—家长—学校—教育部门"教育惩戒监管机制管道路径存在的问题，有研究者建议要完善教师惩戒监督的法理建构、采用循证模式评估"异常"惩戒并建立教育与法理的耦合机制，以此促进教师惩戒监管机制的科学推进。[7]

（四）关于教师的聘用和管理研究

孙来勤（2022）等人提出要充分利用现有政府购买服务和劳动权益保障相关的法律法规，扶持培育一批体量较大且内部治理结构完善的社会教育组织等举措来管理与使用公办中小学临聘教师。[8]要化解中小学教师编制问题，需在法律上确定不同主体在编制标准制定、数量核定、配置与监督中的职责与权力。[9]高校"非升即走"制度违背《征求意见稿》立法宗旨，应在《征求意见稿》中

---

[1] 苑津山，张恒嘉.权力抑或权利：论教师惩戒权之"权"的属性之争 [J].当代教育论坛，2022（2）.
[2] 张鹏君.规训与惩教：教师惩戒权立法的教育反思 [J].教育发展研究，2021（4）.
[3] 李俊义.中小学教师教育惩戒权行使困境及纾困之径 [J].教育评论，2022（6）.
[4] 管华，张鑫.教师法修改应明示：体罚适用治安处罚 [J].湖南师范大学教育科学学报，2022（3）.
[5] 苏芮，张汉强."责权利"理论下教师教育惩戒规则重构及政策建议 [J].教学与管理，2022（28）.
[6] 霍翠芳.论教师实施教育惩戒的伦理正当性——基于微观权力运作的视角 [J].教师教育学报，2022（6）.
[7] 童利盼.中小学教师惩戒权的监管机制 [J].基础教育参考，2022（12）.
[8] 孙来勤，魏晨明.新《教师法》时代公办中小学如何使用临聘教师——基于政府购买教育服务的视角 [J].教育评论，2022（9）.
[9] 叶阳永.中小学教师编制管理法制化研究 [J].复旦教育论坛，2022（1）.

予以修订。① 应采用《事业单位人事管理条例》优先适用、《中华人民共和国劳动合同法》补充适用及《中华人民共和国民法典》合同编参照适用的多重调整维度，以公平原则为利益衡量工具，对高校聘用合同中服务期违约行为、责任承担方式及责任限度予以重新厘定，旨在实现教师生存利益与高校期待利益间的协调与平衡。② 公立中小学教师聘用中，在教师聘用合同出现约定解除、法定解除或不续聘合同的情况时，可以考虑将其纳入行政诉讼受案范围，融合行政与民事的审判规则，提高教师权利保护的质量。③

十、学生相关法律问题研究

关于学生相关法律研究主要包括未成年人学生权益保护和高等教育阶段学生权益保护两个方面。除学生的受教育权问题得到重点关注外，高等教育阶段学生权益保护还对学生惩戒处分及构建相应的救济申诉制度等问题进行了研究。

（一）对未成年人权益保护的相关研究

在未成年人受教育权保护方面，陈鹏等人（2021）认为当前学生受教育权的可诉性、程序性、公正性不足，有必要将受教育权的救济纳入行政司法审查的范围，并兼顾实体权利与程序权利。④ 监护人作为保障未成年学生受教育权最重要的主体，教育法规应对监护人教育权与国家教育权、学校教育权的边界做进一步明晰。⑤ 对义务教育阶段违规学生的惩戒，参考日本司法经验，法院着重

---

① 刘旭东.我国高校"非升即走"制度的困境研判及规范理路——基于《教师法（征求意见稿）》修订内容的研究 [J].教育发展研究，2022（5）.

② 吴晓晨.论高校聘用合同中的服务期违约责任 [J].复旦教育论坛，2022（2）.

③ 周详，延然.公立中小学教师聘用关系之法律探讨——行民规则共同适用的初步考量 [J].中国教育法制评论，2021（1）.

④ 陈鹏，王君妍.从权利到地位：学生法律地位的法律追溯与权利保障 [J].华东师范大学学报（教育科学版），2021（1）.

⑤ 姚建龙，刘悦.教育法视野中的未成年学生监护人 [J].华东师范大学学报（教育科学版），2021（1）.

考虑"有形力行使"方式、教育的必要性、体罚行为的程度和时间、学生违规行为的样态、学生的身体状况等因素,建议我国在实施《中小学教育惩戒规则(试行)》时也可发挥司法判决的指引作用和导向作用。[1] 对强制转学的义务教育阶段学生,我国应立法构建专门教育指导委员会评估程序,明确要求决定机关听取学生及其所在学校其他师生的意见。专门学校可通过强化职业技能教育来提升学生及家长对强制转学措施适用的认可度,并通过提起民事侵权诉讼方式来督促学生家长支付义务教育阶段学生在专门学校学习期间的生活费。[2]

(二)对高等教育阶段学生合法权益的保护研究

近年来,多起高等教育受教育权侵权事件曝光,高等教育阶段学生受教育权的保护受到社会各界的广泛关注。有研究者提出,高考冒名顶替行为侵害公民的姓名权、受教育权及个人信息权,案件涉及刑事、民事、教育行政等多种法律关系。多年来冒名顶替案件屡禁不止的原因是预防与惩戒等实体性法律规定不足、诉讼时效制度不完善等。冒名顶替案件的社会危害性大,应多渠道综合治理。通过增加刑法相关罪名、建立被顶替者受教育权恢复制度、采用特别的诉讼时效起算点制度,保护被顶替者的权利,防止高考冒名顶替事件再发生。[3]有研究者提出,由于当前我国法治发展所处的阶段特征,尚未对高等教育受教育权的保护进行明确具有可操作性的明文规定。高等教育受教育权的本质是平等,且高等学校学生的学籍是高等学校学生享受高等教育受教育权的身份基础,这一身份的真假、存废均直接影响受教育权的公平实现。要想维护高等教育受教育权平等的实质,必须用法治思维和法治方式推动学籍恢复的制度空间与实践路径。[4]有研究者指出,依法保护与实现被冒名顶替者的再教育权是对被冒名顶替者的一种民事救济,这种再教育权具有延时性、救济性、平等性、人身性的基本特点。

---

① 闫珂,陶建国.合理惩戒抑或体罚:日本中小学体罚纠纷的司法观点及启示[J].少年儿童研究,2021(3).
② 宋海初.我国义务教育阶段严重违规学生强制转学措施适用困境破解与立法完善[J].中国教育法制评论,2022(1).
③ 张菁珂,刘璞.高考冒名顶替案件的法律责任认定及相关制度完善[J].中国教育法制评论,2021(1).
④ 钱祥升.高考冒名顶替受害人学籍恢复的制度与实践分析——以陈春秀高考被冒名顶替事件为对象[J].江苏高教,2021(2).

减少对被冒名顶替者的损害，维护其受教育的权利是保护与实现被冒名顶替者的再教育权的直接目的；重塑公众对高考的信任度，保证教育的公正性是保护与实现被冒名顶替者的再教育权的间接目的；维护社会公平正义，稳定被扰乱的社会秩序是保护与实现被冒名顶替者的再教育权的根本目的。依法保护与实现被冒名顶替者的再教育权对于被冒名顶替者来说具有救济其基本人权、受教育权及正当教育资格的必要性；对于国家来说，是国家基本职能的必然要求、对相关人员错误行为的纠正。应当在坚持自愿、有利于被冒名顶替者的原则的基础上，完善再教育权的相关法律规范，畅通被冒名顶替者再教育的程序，建立被冒名顶替者再教育的社会保障机制，依法保护与实现被冒名顶替者的再教育权。①

此外，高校学生权益保护还与教育惩戒处分密切相关。在高校纪律处分方面，有研究者提出，我国高校对于轻微刑事犯罪行为的纪律处分亟待规范化，应修改"犯罪即开除"的绝对规定，以比例原则为基本遵循，在轻微刑事犯罪与高校纪律处分的并罚上依次审查罪行与刑事结果标准、重大不利影响标准以及教育效果标准，同时纳入对微罪扩张趋势的考量，并遵循"先刑罚后处分"的处理顺序，以达到对轻微刑事犯罪行为作出恰当合理的纪律处分之目的。②2017年修订的《普通高等学校学生管理规定》明确了高校的教育行政管理权和教育处分权。针对纪律处分和刑法规范之间可能发生的适用操作冲突，在制定高校学生纪律处分和刑事处罚不同规范类型时，需考虑二者相容度和匹配性，具体适用程序需照顾到事前、事中和事后不同阶段，并确立被处罚者获得救济所采用的手段之间以及其所依附的申诉、诉讼等程序之间构建科学的衔接机制。③

就救济制度而言，车骋（2021）从司法角度提出，高校惩戒学生行为救济体系的建构应以申诉全面审查和司法有限审查并行的救济方式为核心。④例如，丧失学籍的学生可以向法院提起行政诉讼寻求救济，这也体现了法院对高校自

---

① 周作斌，李宁.依法保护学籍被冒名顶替者的再教育权：必要性与实现路径 [J].中国教育法制评论，2021（1）.

② 赵赫栋.论高校纪律处分与轻微刑事犯罪处罚的衔接——基于41所"双一流"建设高校纪律处分条例的分析 [J].复旦教育论坛，2022（3）.

③ 邓传芳，张训.高校学生纪律处分和刑事处罚的竞合与衔接 [J].淮北师范大学学报（哲学社会科学版），2021（5）.

④ 车骋.高校惩戒学生行为救济制度之建构 [J].高教探索，2021（4）.

我管理权的多层次监督，而高校应严格遵守法定程序，完善恢复学籍的具体工作程序，探索设立学校内部的学籍恢复与救济制度，防控由学籍纠纷引发的诉讼风险。① 随着近年来研究生学籍处理事件的急剧增加，高校在学籍处理工作中尚存实体性标准模糊笼统、程序性规定细节缺失、责权边界不清、法治意识不强以及监督保障体系尚不完备等多重问题，推进研究生学籍处理工作法治化，应将退学处理规章制度与工作实践深度融合，将教育管理理念与法治思维深度融合，将法律事务机构与研究生管理部门深度融合。②

就申诉制度而言，目前主要有校内申诉和行政申诉两类。针对高校采取对学生有重大影响的惩处行为如撤销学位证、毕业证等，本质上都属于行政行为，学生应当拥有提起行政诉讼的权利。③《普通高等学校学生管理规定》规范了学生校内申诉制度，在实施中仍要从学生校内申诉机构设置、学生校内申诉制度和程序的优化④、扩大学生校内申诉受理范围、提高学生申诉处理委员会的独立与中立地位、完善行政申诉制度与行政复议制度的关系等方面不断予以完善。⑤

此外，就法院在高校惩戒学生的司法审查中的职能作用而言，有研究者认为需重新界定法院的审查边界，法院应积极行使高校惩戒行为的审查职能，区分纪律性惩戒行为与学术性惩戒行为的审查标准，即前者适用合法性与正当性审查标准，后者则适用正当性审查标准。⑥

十一、学校安全相关法律问题研究

学校安全是教育工作的重中之重。2021—2022 年在教育法学领域关于学校

---

① 邢斌文 . 高校学生丧失学籍后恢复学籍的司法途径探析——基于我国司法实践的经验研究 [J]. 复旦教育论坛，2021（2）.
② 姜鹤，李泽芳 . 新时期研究生学籍处理工作法治化的困境与应对 [J]. 学位与研究生教育，2021（8）.
③ 王殷舟，郭人菡 . 高校学生管理行为的行政可诉性研究 [J]. 高教探索，2022（2）.
④ 孙悠夏，刘亦艾 . 我国学生申诉制度的法律定位及法理基础 [J]. 教育发展研究，2021（22）.
⑤ 芮振华 . 高校学生校内申诉制度完善研究 [J]. 思想理论教育，2022（8）.
⑥ 车骋 . 高校惩戒学生行为的司法控制——从"合法性"走向"合法性"与"正当性" [J]. 东方法学，2021（5）.

安全的相关研究主要聚焦于学生欺凌、高校性骚扰、学生伤害事故等核心问题。

（一）学生欺凌研究

近年来，学生欺凌问题随着国家陆续出台相关政策法规得到一定程度的遏制，公众对学生欺凌问题的认知也随着国家和政府的正向宣传和导向逐渐科学和理智。学术领域对欺凌问题的不断探索和研究对于更为科学有效回应学校和家长们所面临的现实问题具有重要的指导意义。近两年学术领域在学生安全相关问题研究中，学生欺凌问题的相关研究仍然热度不减，涌现了诸多高质量研究成果。

多名学者开展了关于学生欺凌影响因素的实证研究，运用大数据科学分析当前我国学生欺凌的现状并提出相应的意见建议。赵福江和周镭（2021）通过大规模调查深度分析学生欺凌行为与父母婚姻状况、家庭社会经济地位有关，这也与文慧（2022）[1]关于家庭因素对欺凌行为影响的研究结果一致。他们提出学校及社会各界需加强对于弱势家庭学生的关怀，关心其学业成绩的同时，也需要加强其思想品德与心理建设；家长应加强家校合作，不断了解学生的生活和心理状态，对学生欺凌行为做到"早预防、早发生、早干预"。[2]刘京翠和赵福江（2021）基于对我国十五省市的调查和实验学校的访谈深度发现，我国中小学生欺凌行为在性别、年龄、学习成绩、性格、是否为独生子女和外貌上存在不同程度差异。[3]张珊珊等（2021）运用问卷法通过量化分析得出的结论显示，男生的网络欺凌、传统欺凌得分显著高于女生；网络欺凌、传统欺凌分别与核心自我评价、领悟社会支持、情绪智力之间呈显著负相关；领悟社会支持在网络/传统欺凌与核心自我评价关系中起中介作用，情绪智力在中介关系中起调节作用，且影响机制存在性别差异。[4]王玥等（2021）基于社会认同

---

① 文慧.校园欺凌父母责任及其法律规制 [J].中国教育法制评论，2022（2）.

② 赵福江，周镭.家庭因素对我国中小学生欺凌行为的影响研究——基于十五省市的调查数据 [J].教育学术月刊，2021（11）.

③ 刘京翠，赵福江.学生个体因素对校园欺凌的影响研究——基于我国十五省（市）的调查和实验学校的访谈数据 [J].中国教育学刊，2021（12）.

④ 张珊珊，张野，申婷.校园欺凌对中学生核心自我评价的影响机制研究——基于性别的多群组比较分析 [J].教育科学研究，2021（3）.

理论及归因理论，基于对PISA2018年中国四省市1万余名学生数据的分析提出，校园欺凌负向影响学生的幸福感；学校归属感在校园欺凌与幸福感之间起部分中介作用；学校平均欺凌水平对校园欺凌—学校归属感—幸福感中介模型的前半路径起调节作用。具体来说，校园欺凌对学校归属感的影响随学校平均校园欺凌水平的提升而减弱。[1]陈福喜等（2021）[2]、贾勇宏和吴恩慈（2021）[3]也开展了关于学生欺凌行为影响因素的研究。

在学生欺凌的预防、干预和治理方面，有学者从教育惩戒的角度探讨校园欺凌的治理问题，提出教育惩戒可以通过法治化与生本化重塑信任体系；增强家长责任意识和自觉性，明晰和落实监护权责；提升教育惩戒的可诉性及其与司法惩戒的黏合性，从而实现对校园欺凌的长远有效治理。[4]耿申和王薇（2021）运用实验法通过北京市朝阳区三轮实验研究，形成了"识别要素"+"消解策略"的欺凌"先兆"应对框架。研究认为，在学校预防实践视角下，认识到欺凌"先兆"的普遍性和欺凌是可防可控的基本观点，并在实践中加以细化和操作化，是预防欺凌应当持有的基本态度和行为准则。[5]郭凌风等（2021）认为全面性教育对基于性别的校园欺凌具有预防作用，提出未来对基于性别的校园欺凌的预防，可以通过开展全面性教育，从知识、情感、态度和实践行为等多个维度影响学生，避免和减少校园欺凌的发生。[6]田汉族和王超（2021）提出构建中国特色校园欺凌治理体系需要同步构建三个治理系统：建构有利于未成年人健康成长的生态养育系统，尽量避免校园欺凌发生；建构全面的校园欺凌分级预防系统，科学防治学生的偏态行为；建构校园欺凌矫治机制，最大限度减少校园欺凌的负效应。[7]沈辉香等（2021）基于家庭关怀视角探讨学生欺凌的防治，提出了建构校园欺凌防治的较为系统的家庭关怀体系，包括家庭关怀内容、家

---

① 王玥，周镭，许志星.校园欺凌对学生幸福感的影响：有调节的中介模型 [J].上海教育科研，2021（2）.

② 陈福喜，洪昊青，吴晶.儿童校园欺凌的认知因素分析：抑制控制的视角.教育科学研究，2021（12）.

③ 贾勇宏，吴恩慈.农村留守儿童校园欺凌的个体影响因素研究——基于 Logistic 回归的实证分析 [J].当代教育科学，2021（8）.

④ 程莹.教育惩戒治理校园欺凌何以行稳致远 [J].当代教育论坛，2021（6）.

⑤ 耿申，王薇.欺凌"先兆"的识别与消解——预防学生欺凌的学校实验 [J].清华大学教育研究，2021（6）.

⑥ 郭凌风，刘文利，李雨朦，刘爽.全面性教育对基于性别的校园欺凌的预防作用[J].教育科学研究，2021（4）.

⑦ 田汉族，王超.我国校园欺凌现象及其治理研究：回溯与展望 [J].中国教育法制评论，2021（2）.

庭关怀原则和家庭关怀路径。①姚建涛和黄明东（2022）认为解决当前我国学生欺凌问题没有达到理想预期，原因在于忽视了青少年法治思维的培育，提出要建构一套包含培育目标、培育原则和具体推进的多维体系，引导青少年形成法治思维，提升法治自觉，从根本上遏制校园欺凌。②杨颖秀（2021）则提出解决中小学生欺凌问题的有效路径是加强尊重尊严的教育，提高治理主体的专业能力，构建网络化的公共服务体系等。③

（二）高校性骚扰研究

高校性骚扰问题是近年来公众关注度较高的社会问题，也是教育法学领域重点关注的学校安全问题。蔡群青（2021）认为高校教师性骚扰学生行为产生的原因在于以下几方面：缺乏对性骚扰事件的防患意识和专门维权处理机制；缺失有关性骚扰防治的教育培训课程；评价体系的绩效主义与声誉利益的"权""利"共谋弱化执纪问责；传统耻感文化和舆论暴力迫使受害者沉默哑忍；专门法律规范缺位、法律概念缺失、责任界定模糊、权利救济不及时；师生恋关系使得性骚扰的判定变得扑朔迷离。深入落实防治高校教师性骚扰学生的长效法律机制，需完善法律规范和学校文化治理体制，重构以权益保障为核心，预防与救济措施并重的规范宗旨，强建立德树人落实机制，实现立德树人根本任务的落地生花。④

杨天红和马晶（2021）在民法典视域下探讨了高校在性骚扰问题上的义务及其履行，高校性骚扰防治义务包括"建立性骚扰防治体系"和"性骚扰防治措施必须合理"两个维度。前者包括性骚扰防治机构设置与人员配备、校内性骚扰防治专项规范、校内性骚扰防治法律及政策宣传等方面，后者则主要从性骚扰认定标准、性骚扰事实证明标准、性骚扰处置结果判断标准、交叉询问调查方式适用、校内调查与刑事调查之间关系的处理等方面予以判断。同时，为确保上述义务

---

① 沈辉香，戚务念，范远波.校园欺凌防治的家庭关怀建构 [J].当代教育科学，2021（8）.

② 姚建涛，黄明东.校园欺凌治理的重心调适：一种教育法学的思考 [J].河北师范大学学报（教育科学版），2022（2）.

③ 杨颖秀.新公共治理理论视阈下中小学生欺凌的治理力缺失与提升 [J].中国教育法制评论，2021（1）.

④ 蔡群青.高校教师性骚扰学生的长效法律防治机制 [J].高教探索，2021（11）.

履行更有效果，高校在性骚扰防治时还须注重案件信息保密和受害人保护。①

张冉和郑力（2021）基于对 12 所北京高校 4381 名学生的问卷调查数据，采用交叉分析和多值逻辑回归的方法探究校园安全与校园性骚扰之间的关系。研究发现，学生对夜晚学校不同场所安全状况的感知低于白天，在控制相关变量的情况下，学生对夜晚校园安全状况的感知与遭受性骚扰的频率之间具有显著的负向关系。同时，居住在校内的学生较之居住在校外的学生更不容易成为性骚扰行为的受害者，这说明高校的安全保卫对预防校园性骚扰有着积极的作用。此外，男生相对于女生更容易成为性骚扰行为的频繁受害者。基于这些研究发现，从学校和学生两个方面提出了建设平安校园和性别平等校园的建议。研究建议高校应通过完善软硬件设施改善校园安全状况，提升安全教育和性别平等教育的实效性；同时，学生要积极参与平安校园和性别平等校园的建设。②

（三）学生伤害事故防范研究

学生伤害事故责任不仅是侵权责任，还是独立的教育法律责任。《中华人民共和国民法典》基于私法的考虑，规定了学校承担因违反教育、管理职责导致学生损害的特殊义务。从侵权视角出发，针对不同学段的学生伤害事故，应根据不同年龄阶段学生的知识、智力状况来判定学校应尽的义务，并在其所履行的义务范围内，依据学校行为是否有过错以及过错与事故后果之间的因果关系作出判断。③

如在职业教育学生岗位实习过程中出现的人身损害，属于岗位实习劳动伤害的应当采用"建立专门的社会保险进行赔偿的模式"，属于岗位实习非劳动伤害的可以直接采用"适用民事侵权法进行赔偿的模式"，但总体上应建立以社会保险为主体、以商业保险为补充的学生岗位实习人身损害赔偿制度。④

针对学生自杀、高校教师性骚扰学生等人身伤害事件，李硕（2022）提出

① 杨天红，马晶.民法典视域下高校的性骚扰防治义务及其履行 [J].复旦教育论坛，2021（5）.
② 张冉，郑力.校园安全与校园性骚扰——一项基于北京高校的调查研究 [J].复旦教育论坛，2021（3）.
③ 劳凯声.中小学校学生伤害事故救济机制的完善 [J].中国社会科学院大学学报，2022（2）.
④ 孙长坪，卢宇.学生岗位实习人身损害赔偿模式的评析与重构——基于对职业教育学生岗位实习伤害处理适用法律的思考 [J].中国职业技术教育，2022（13）.

高校对学生应当承担不作为侵权责任，应当承担的作为义务是基于"特殊关系"产生的管理关注义务，而并非安全保障义务。在我国司法实践状况下，判断高校是否存在过错的关键是自杀行为的可预见性与预防及干预措施的合理性。[①] 在落实高校教师性骚扰学生的长效法律防治机制中，需完善法律规范和学校文化治理体制，重构以权益保障为核心、预防与救济措施并重的规范宗旨，强建立德树人落实机制等。[②]

此外，还要发挥学生伤害事故教育法律责任的教育建构功能，借由学生伤害事故责任追究进行责任教育，培育学生养成责任意识、权利意识、权力受制约意识、规则意识等。[③]

（四）其他相关研究

学者们还探讨了关于学生安全相关的其他问题，如劳凯声（2021）认为为加强学校安全管理，遏制和防范学校安全事故的发生，应结合各级各类学校等教育机构的实际情况，建立学校安全责任制，切实承担起对学生的安全管理责任。[④] 马雷军(2022)提出应当充分认识学生安全教育的意义、发挥安全课的作用、借助社会有关资源、拓展安全教育内容、丰富安全教育形式，探索具有中国特色的中小学安全教育模式。[⑤] 陈成鑫（2021）基于风险评估理论，提出了对校园安全防范体系构建的设想，认为应健全校园风险评估体系，针对风险评估暴露出的薄弱环节，从被害预防和情境预防的角度加强防范，从编制预案和加强演练等方面加强应急管理。[⑥]

---

① 李硕.论高校在学生自杀事件中的法律责任 [J].华中师范大学学报（人文社会科学版），2022（2）.
② 蔡群青.高校教师性骚扰学生的长效法律防治机制 [J].高教探索，2021（11）.
③ 雷槟硕.学生伤害事故责任具有教育建构功能 [J].湖南师范大学教育科学学报，2022（4）.
④ 劳凯声.试论学校安全的法律调整机制 [J].中国教育法制评论，2021（2）.
⑤ 马雷军.我国中小学安全教育的形势、问题与策略 [J].中国德育，2022（18）.
⑥ 陈成鑫.基于风险评估的校园安全防范体系构建 [J].教育科学研究，2021（7）.

十二、法治教育相关问题研究

（一）高校法治教育研究

大学生法治教育是我国推进依法治国逐步提升法治化水平的重要领地，相关研究亦是法治教育领域的重要话题。尽管近年来大学生法治教育在依法治国的背景下有序推进，大学生法治素养和法律意识有所提升，但在现实中仍面临内容规划不系统、专业师资力量薄弱、组织结构不协调和教育环境复杂等困境。对此，可从完善教育内容供给、提高师资建设水平、整合育人资源和创设优良环境等方面着手，努力建构契合时代要求的大学生法治教育模式。①

多名学者强调，高校开展法治教育应以习近平法治思想为指引，将习近平法治思想融入当代大学生法治教育。应进一步落实习近平法治思想在大学生法治教育中的统领地位，在大学生法治教育体系中充分融合习近平法治思想的精义，采取多种措施推进大学生对习近平法治思想学习的知行合一，从而在实现高校立德树人教育使命的同时，提升当代大学生的法治素养和能力。为回应上述要求，在教育目标上，要以实现当代大学生对于社会主义法治道路的价值认同为核心；在教育内容上，要以正确把握教育对象为前提，并进行适度扩展；在教学方法上，要以学校思政课教学改革为契机，整合教育资源，进行教育教学模式和方法的创新。②在法治教育探索路径上，应逐步实现法治教育课程的独立设置，科学设计教学内容，创新教学形式和方法，强化法治师资配备，不断探索法治教育的最优化路径。③④⑤

才惠莲（2022）进一步探讨了高校生态文明教育中的法治教育，认为高校生态文明教育的关键在于生态文明法治教育，即通过强化学生对《中华人民共和国宪法》《中华人民共和国环境保护法》等法律法规的认同，以及塑造学生

---

① 王凯丽，陈树文.新时代大学生法治教育探究 [J].学校党建与思想教育，2022（19）.
② 黄佳.高校法治教育一体化发展的内涵、要求与对策[J].东北师大学报（哲学社会科学版），2022（4）.
③ 任梅，李炳烁.习近平法治思想融入大学生法治教育的价值与路径[J].江苏大学学报(社会科学版),2022(6).
④ 王小光.推进高校法治教育建设的路径探讨 [J].中国高等教育，2021（2）.
⑤ 李牧，董明皓.论全面依法治国视域下的大学生法治教育 [J].思想理论教育导刊，2022（7）.

生态文明法律信仰，提升学生生态文明法律意识和法律思维。开展高校生态文明法治教育，需要强化课程教学、优化师资队伍和完善相关机制。①

此外，伴随着我国进入新型社会文明形态和阶段，生态文明由基本国策提升至国家"五位一体"战略。2018年，"生态文明"首次写入宪法，这决定了高校在生态文明建设中负有不可推卸的责任。

（二）法治教育一体化研究

法治教育一体化是对统筹推进大中小学思政一体化建设的积极响应，近几年也逐渐得到学术界的广泛关注。

李岚等（2022）认为法治教育一体化应依据课程标准，从"教什么""教到什么程度""怎么教"等三个角度，梳理开展法治教育的教学内容、重构开展法治教育的教学目标、优化开展法治教育的教学策略，提高法治教育的实效。②张振芝和丁文对（2022）则强调了深化大中小学法治教育一体化要重视需求和供给之间的动态平衡，要促进大中小学法治教育各要素相互协调、有机统一、形成合力。③

黄佳（2022）重点关注了高校的法治教育一体化问题，提出高校法治教育一体化在教育目标上，要以实现当代大学生对于社会主义法治道路的价值认同为核心；在教育内容上，要以正确把握教育对象为前提，并进行适度扩展；在教学方法上，要以学校思政课教学改革为契机，整合教育资源，进行教育教学模式和方法的创新。④

（三）法治教育推进策略研究

在法治教育实践领域的实施与推进策略上，童燕芳（2022）认为初中阶段

---

① 才惠莲.高校生态文明法治教育研究 [J].学校党建与思想教育，2022（6）.
② 李岚，赵文琪，胡洁.法治教育的小初高思政课一体化 [J].思想政治课教学，2022（11）.
③ 张振芝，丁文对.基于系统思维的大中小学法治教育一体化建设研究 [J].教育理论与实践，2022（35）.
④ 黄佳.高校法治教育一体化发展的内涵、要求与对策 [J].东北师大学报（哲学社会科学版），2022（4）.

的道德与法治课程存在着重德育、轻法理的问题，因此提出教师在课堂教学中应把握课堂基调、明晰法治语言，合理创设情境、培育法治观念，依托课堂延伸、开展多维评价，从认知、理解到行为，递进式促进学生法治观念素养落地。[①]李琳佳和谯婷（2022）提出高中阶段的法治教育和义务教育阶段的法治教育的区别在于对法律知识的认识更为理性，也更关注现实问题，提出了从党的领导、思政课教师法治理论素养、教师队伍机制建设、法治教育改革创新、德育与法治教育的内在逻辑五个方面探索推进法治教育的对策。[②]郭开元（2022）认为要重点关注网络社会化对青少年法治教育实施成效的影响，可以通过加强网络法律知识教育培养青少年的网络规则意识和网络权利意识，运用多元化的教学方式，提升青少年网络法律素养。[③]

十三、教育法学国际比较研究

（一）教育法典化研究

随着《中华人民共和国民法典》的颁布，教育法典化也成为学界近两年的讨论热点。多名学者从国际比较的视角分析了他国教育法的法典化经验和做法。

在教育法典的立法模式上，有学者认为国外教育法典的主要模式有松散式、并列模式和类主轴模式，提倡我国教育法典应该选择以教育类型作为"中心轴"的主轴模式，科学处理总则与分则、编与分编、章节与条款的逻辑关系，以教育主体统摄法典总则，以教育类型串联分则各编，以组织活动细化章节安排，以逻辑关系决定法条次序。[④]也有学者认为国际上教育法典的立法模式分为统一立法模式、法律汇编立法模式以及总则立法模式，提出我国教育法法典化的

---

① 童燕芳.基于核心素养的法治教育探究——以"公民的权利"教学为例 [J].中学政治教学参考，2022（46）.
② 李琳佳，谯婷.推进高中法治教育的思考 [J].中学政治教学参考，2022（9）.
③ 郭开元.网络社会化视阈中青少年法治教育的问题及对策 [J].中国青年社会科学，2022（5）.
④ 段斌斌.教育法典的体例结构：域外模式与中国方案 [J].华东师范大学学报（教育科学版），2022（5）.

实现应遵循欧洲大陆法系教育法典编纂的"实质性"原则，遵循教育法典编纂的"体系化"原则和"科学化"原则。[①]

在教育法典的立法逻辑上，有研究通过对美国教育法典构成特点的分析认为其在体例上并没有严格的内在逻辑，[②] 而法国、德国、瑞士和日本的民法典则十分强调以内在逻辑为基础的体系化支撑，建议我国在编纂教育法典时应拥有内在逻辑，彰显民族价值，兼及稳定与开放的教育法典将实现我国教育法的自我超越。[③] 探寻我国教育法法典化的基本路径，应以实现法典化创新中的体系化功能为目标，通过对教育法法典化顶层设计和底层逻辑基本问题的研讨，凝练贯通教育法典逻辑体系的基本价值、立法原则与核心要素。[④]

（二）教育立法研究

教育立法是教育法学领域的重要研究内容。2021—2022 年度有多名学者从国际视角分析了各国不同教育领域相关法律立法问题，以期对我国相应法律立法和完善提供参考和借鉴。

单春艳（2021）基于对世界近现代高等教育改革进程的分析，认为高等教育立法在调控教育改革发展方向和进程、促进高等教育大发展、优化权力配置等方面发挥了重要作用，提出中国应立足国情，改进和完善高等教育立法体系，建立高等教育立法修订机制，从行政思维转向法治思维，推动高等教育法治化进程，为高等教育现代化建设提供制度保障和动力支持。[⑤]

唐宇明（2022）系统分析了美国国家安全法律体系的演变，对依据《1991年国家安全教育法》开展的"国家安全教育计划"进行了数据分析，认为国家安全教育立法对国家安全人才建设具有重要的积极作用，其做法可以为中国做

---

① 龚向和，李安琪.教育法法典化的国际实践与启示 [J].湖南师范大学教育科学学报，2022（2）.

② 叶强.美国教育法典的构成特点与启示 [J].湖南师范大学教育科学学报，2022（1）.

③ 王思杰.国外民法典对中国教育法典编纂进路的启示——以近代四部《民法典》为考察中心 [J].华东师范大学学报（教育科学版），2022（5）.

④ 秦惠民，王俊.比较与借鉴：我国教育法法典化的基本功能与基本路径 [J].华东师范大学学报（教育科学版），2022（5）.

⑤ 单春艳.教育立法推动高等教育改革：国际经验与中国选择 [J].江苏高教，2021（1）.

好新形势下高等教育范畴内的国家安全教育提供借鉴与反思。[1]

钱雨（2022）从教育福利的视角总结了英国学前教育立法的经验,包括缩小贫富差距,立法保障教育起点公平;提升学前教育质量,立法保障教育过程公平。提出我国学前教育立法应立法保障优质公平的学前教育体系,促进儿童发展,提高国民素质;立法明确托幼管理与资助标准,助力"三孩政策"、促进社会经济发展;立法保障儿童接受学前教育的权利,追求公平公正、实现共享发展。[2]

也有学者重点研究了日本在教育立法上的经验和做法。2006 年日本对《教育基本法》做了全面修订,新增了有关家庭教育的条款,规定了父母和其他监护人对子女教育的首要责任,2017 年制定了《家庭教育支援法案》,以"家庭教育支援"为主旨和核心的相对独立的家庭教育法规体系初见端倪。[3] 日本在终身教育立法上,其立法的理论基础受到日本政府对终身教育的理解和诠释在观念上的转变的影响,即教育理念说、学习主体说、学习权利说以及社会参与说。这一思想脉络本身存在着各种价值冲突,因此也受到了日本终身教育学界的诟病,可以为我国在终身教育立法上提供一定的经验借鉴和风险规避。[4]

（三）职业教育法研究

近年来,随着《中华人民共和国职业教育法》修订工作的开展,我国关于职业教育法律相关的国际比较研究数量呈上升趋势,学者们通过对美国、德国等国家职业教育立法和修订的经验和做法的分析,提出了对不断完善我国职业教育法修订工作的建议。

有部分学者通过对他国职业教育立法历史发展脉络的梳理,对我国职业教育法完善提出建议。邓艳新和刘永权（2021）梳理了美国自 1917 年以来职业教育立法一百多年的历史,认为美国职业教育法本质上就是通过政府拨款资助

---

① 唐宇明.美国国家安全人才培养与高等教育的融合——以国家安全教育立法及其实施为例 [J].国际安全研究,2022（3）.

② 钱雨.教育福利视角下英国学前教育立法经验分析 [J].教育发展研究,2022（6）.

③ 尹力,许文娟.日本家庭教育支援立法的主要内容及其争议 [J].中国教育法制评论,2021（2）.

④ 马丽华,娜仁高娃.日本终身教育立法的思想脉络和价值取向——基于《终身学习振兴法》的分析 [J].教育发展研究,2021（17）.

的方式将职业教育主权从各州统一到联邦的指导方向上，其把"职业教育"升级到"生涯与技术教育"，紧跟了时代和社会的发展，而且把理念落实到具体的行动上，值得我国借鉴。[①]王楠和刘昂（2022）则基于对西班牙职业教育立法演变历程的梳理，建议在《中华人民共和国职业教育法（修订草案）》中进一步明晰初、中级职业教育贯通的法律通道，强调国家职业资格框架在国家职业教育培训体系中的导向作用。[②]

王忠昌和姜秀玲（2021）以越南《职业教育法》为例，深入分析其修订背景和法律文本，提出越南《职业教育法》中关于科学的国家框架体系、完善的政策支持、合理的组织机构、严格的质量认证等举措，对当前中国《职业教育法》的修订具有一定的经验启示，也对中国职业院校开展与越南职业院校的合作提供政策参考。[③]陈正和巫锐（2022）通过对比中德两国《职业教育法》重大修订，认为两国均立足于实践经验和经济社会发展需要，遵循职业教育作为一种教育类型的思路，通过体系化的制度设计，强调职业教育与普通教育"同等重要"；同时，围绕校企合作、普职融通、层类贯通等方面，完善了职业教育体制机制，极大地丰富了职业教育法内容，体现出鲜明的制度创新。[④]

李玉静和王斯迪（2022）综合比较了德国、英国和美国职业教育法律体系，发现三个国家呈现共同的特征和趋势：职业教育法律体系深受文化传统和民族特征的影响，并体现国家职业教育改革发展的核心理念；建设以职业教育法为主体，以劳动、人力资源、学徒制、技能开发等方面法律相互配合的综合性法律体系是职业教育立法的重要趋势；在核心内容上，职业教育法律的内容框架体现出职业教育作为一种类型教育的独特性。[⑤]

---

① 邓艳新，刘永权.美国职业教育发展的新趋势：立法、政策和框架——基于第五部珀金斯法和21世纪项目开发框架 [J].中国职业技术教育，2021（24）.
② 王楠，刘昂.西班牙职业教育立法演变对我国职教法完善的启示 [J].中国职业技术教育，2022（3）.
③ 王忠昌，姜秀玲.越南《职业教育法》：修订背景、文本分析及经验启示 [J].职教论坛，2021（2）.
④ 陈正，巫锐.中德《职业教育法》重大修订的比较研究 [J].中国职业技术教育，2022（24）.
⑤ 李玉静，王斯迪.国际视野下职业教育法律体系建设探析——基于对德国、英国、美国的比较 [J].职业技术教育，2022（15）.

（四）学生欺凌研究

学生欺凌是世界各国普遍存在的问题。从国际视角审视各国学生欺凌的学术研究、政策导向和实践活动，有利于更加全面客观地了解国际趋势，完善我国相关领域研究。

有学者从治理的角度分析了美国、日本等发达国家在欺凌治理方面的经验，认为学生欺凌的治理尽管表面上没有固定的程序，但整体上遵循了法规准备——建立完善的法律规章制度，欺凌调查——开展欺凌事件调查并上报，欺凌处理——根据情节轻重对欺凌事件进行恰当处理。[①] 一项以加拿大安大略省反欺凌政策为对象的案例研究发现，加拿大治理校园欺凌以建立学校整体的反欺凌政策与机制为核心，从"零容忍"到"安全、接受"，主要包括界定校园欺凌概念、明确角色与责任、报告校长与通知家长、建设积极学校氛围、采取渐进纪律、提高反欺凌的专业意识和能力、建立监督和审查机制，具有突出学生主体、注重学校教育功能、发展反欺凌校园文化、倡导共享责任的特点。[②] 陈亮等（2021）重点研究了美国残疾学生群体的校园欺凌情况及其防治，认为美国针对残疾学生欺凌问题所秉承的法律优先保障、满足个别需求、注重自我增能、以证据为准绳的理念值得借鉴，建议我国在残疾学生欺凌防治工作中应重点运用法律手段，打造完善的法律体系，优化诉讼程序。[③] 窦营山和沈晓敏（2021）同样以美国欺凌防治为研究对象，通过深入剖析美国中小学同伴调解项目，分析了校园欺凌防治中同伴调解的成效，研究发现同伴调解项目在减少校园暴力冲突、降低纪律处分率、减轻教师管理负担、改善校园氛围以及增强学生社会情感能力等方面有着积极成效。[④] 刘惠超和刘天舒（2021）基于对美国校园欺凌干预课程的分析，认为我国应依托德育课和班（团、队）活动开设联系生活、注重策略指引的欺凌干预课程，系统开展面向全体学生的早期干预。[⑤]

[①] 户可英.国外校园欺凌治理比较分析 [J].法制博览，2021（19）.

[②] 陈海深，刘健智，刘新武.加拿大反校园欺凌政策及其启示——以安大略省为例[J].教育学术月刊,2021(6).

[③] 陈亮，陈奕桦，郑霞.美国残疾学生校园欺凌及其防治 [J].比较教育学报，2021（4）.

[④] 窦营山，沈晓敏.同伴调解对校园欺凌防治的成效研究——以美国中小学同伴调解项目为例 [J].基础教育，2021（5）.

[⑤] 刘惠超，刘天舒.基于积极行为支持的欺凌干预课程及其启示 [J].教育科学研究，2021（5）.

（五）教育惩戒研究

自 2020 年教育部颁布《中小学教育惩戒规则（试行）》以来，关于世界各国教育惩戒相关的比较研究也逐渐成为热点议题。

在英国，教育惩戒校规制定表现出了国家立法、部门规范和学校自主三方合力的特点，国家立法明确授权学校制定教育惩戒校规的权力与义务，为学校制定校规提供了充分依据。政府通过规章、政策就教育惩戒校规的原则、范围、主体、形式等提供建议与指导，明确学校制定教育惩戒校规的权力边界。[①]美国的教育惩戒权则经历了教育惩戒现代化、零容忍教育惩戒兴起和教育惩戒二元化三个发展阶段，其特点一是尊重教育规律，理性、宽容看待学生的违纪违规行为；二是强调教育惩戒应对学生违纪违规行为的预防、正向引导和关系进行修复。[②]日本的教育惩戒在制度上逐渐形成了以绝对禁止体罚为原则，以立法为基础，以文部科学省和裁判所的指导性案例为补充，以个案判断为具体适用准则的教育惩戒体系。[③]

（六）教育法学定位与体系构建研究

教育法学定位及体系构建是教育法学领域的基础性研究，不同法系国家在教育法学的学科体系建立的逻辑和路径不尽相同，需要从国际视野下审视教育法学的根本性问题。

有学者认为教育法学的定位需要优先关注功能定位，而不是学科定位。教育法学学科体系是在权利义务体系和类型结构体系基础上研究和构造完备的教育法律体系的知识和理论范式，其科学性需要深入研究学科基本理论和基本问题，其适切性需要关注教育领域内外不断出现的相关现实问题。[④]同为大陆法

---

① 王朝夷，杨健.建立完善的制度系统 确保教育惩戒合理合法实施——英国的实践与启示 [J].中国教育法制评论，2022（1）.

② 刘悦.美国教育惩戒的历史嬗变及启示——兼评《中小学教育惩戒规则》(试行)[J].教育发展研究，2021（20）.

③ 吴东朔，李帅.我国教育惩戒规则实施的困境及改革路径——以日本教育惩戒制度为参照 [J].全球教育展望，2021（8）.

④ 秦惠民，王俊.比较法视野下教育法学定位与学科体系 [J].华东师范大学学报（教育科学版），2021（12）.

系的德国，其教育法体系内出现了不同类型的整合机制，尤其是实体性教育政策协调机构颁布的联合协定，保证了联邦与州、各州之间教育活动的相对协调统一。该机制极大提升了教育法体系的整体协调性与稳定性。鉴于此，我国建立在教育法体系整合基础之上的教育法典化应推进各层各类教育领域立法，完善教育法体系的主干规范；挖掘教育法体系内的整合性要素，传递统一规制的重要意义；借鉴法典化成果，保持教育法体系的开放性。[①]

湛中乐和靳澜涛（2022）通过比较法总结了域外教育法学体系化进程的三种模式：以美国为代表的专题化模式坚持问题导向；以德国为代表的系统化模式坚持逻辑导向；以日本为代表的功能化模式坚持价值导向。这三种模式均以某些核心概念为基点来建构逻辑体系，并形成了相对成熟的、面向法律适用的教育法释义学，且教育法学体系的形塑和演进还与教育法制形态彼此互动。我国教育法学的体系化之路应当重视宪法规范对教育法理论的统摄功能，将基本权利作为兼具解释价值和规范价值的理论起点，并进一步形成教育法学总论与分论的演绎式逻辑体例。在此基础上，还有必要坚持教育法立法论和解释论的二元并重，在当下尤其需要重视法解释学技术的养成和运用，以在整体上推进教育法学向纵深发展。[②]

（七）其他相关研究

除上述话题外，也有诸多基于国际视野的其他教育法学相关研究，推动着我国教育法学理论发展。

申素平和周航（2022）基于英、美、德、法、日五国高等教育法治发展趋势的比较分析，认为我国在推进高等教育治理法治化的进程中，一方面要构建"治理的法"，突出教育法律规范与制度的效能；另一方面，应坚持"法的治理"，从体系思维与权利本位出发，为高校师生权益提供体系化的法秩序保障。[③] 何海

[①] 巫锐. 德国教育法体系的整合机制及其启示 [J]. 湖南师范大学教育科学学报，2022（1）.

[②] 湛中乐，靳澜涛. 教育法学体系化的域外比较与中国路径 [J]. 湖南师范大学教育科学学报，2022（4）.

[③] 申素平，周航. "治理的法"与"法的治理"：国际高等教育法治的功能趋向与体系控制 [J]. 中国高教研究，2022（3）.

澜（2021）借鉴荷兰儿童保育法制变革的经验，认为我国保育立法应特别注重：以切实提高保育参与率为立法重心；强化国家和政府的法律责任；协调好多方面的权利义务关系；增强法律应有的刚性和可操作性，加快研究起草保育专门法。①

申素平和邓雨薇（2021）通过对美国私立中小学财政资助政策合法性审查的分析，提出其"以学生为中心"、尊重家长"教育选择"和"平等"的价值理念，以及资助的内容和实现方式均具有重要的启示意义。②王俊和秦惠民（2022）从全球教育治理的视角探讨了公立学校教师法律地位的重构，认为教师法律地位重构存在着潜在风险，应该重视教师法律制度尊师重教的价值导向，发挥其基本功能。③李曼（2021）通过对日本家庭教育立法路径和特点的分析提出了对我国家庭教育立法的启示，即正确处理家庭教育权与国家教育权、儿童权利的关系，注重政府对家庭教育的帮扶，相关法律要互相衔接配合。④何汉斌和郑文清（2022）对比了中美两国青少年法治教育的方法，发现我国青少年法治教育主要运用说服教育法、隐性教育法和案例教育法等方法，美国青少年法治教育采用联邦政府的政策资金扶植、社区资源挖掘、教学氛围营造、适宜案例打造等方法。⑤

此外，我国学者对终身教育、社区教育立法也进行了国内外比较研究。如马丽华（2021）等人在分析日本《终身学习振兴法》的基础上，厘清日本中心教育立法的思想脉络和价值取向，为我国相关立法提供经验借鉴和风险规避。⑥鉴于我国终身学习立法面临单行立法、统一终身教育法和统一终身学习法模式选择的重大分歧，刘新国等人（2022）认为，统一终身学习法模式在价值目标等诸多理论取向上自带与时俱进的优势，是构建终身学习体系的现实选择。⑦

---

① 何海澜. 荷兰儿童保育法制变革及其启示 [J]. 中国教育法制评论，2021（1）.

② 申素平，邓雨薇. 美国私立中小学财政资助政策合法化的过程透析 [J]. 复旦教育论坛，2021（1）.

③ 王俊，秦惠民. 全球教育治理视域中公立学校教师法律地位的重构 [J]. 比较教育研究，2022（2）.

④ 李曼. 日本家庭教育法律规制：路径、特点与启示 [J]. 全球教育展望，2021（7）.

⑤ 何汉斌，郑文清. 中美青少年法治教育方法比较及其启示 [J]. 中学政治教学参考，2022（7）.

⑥ 马丽华，娜仁高娃. 日本终身教育立法的思想脉络和价值取向——基于《终身学习振兴法》的分析 [J]. 教育发展研究，2021（17）.

⑦ 刘新国，沈欣忆，贺志红. 我国终身学习立法的模式选择及其理论取向 [J]. 成人教育，2022（10）.

十四、教育法学相关专著概述

根据课题组不完全统计，2021—2022年共有近50部教育法学相关专著出版，涵盖了学前教育、基础教育、高等教育、特殊教育和职业教育等不同学段，主要内容涉及教育法学基础理论研究、青少年法治教育、教师职业道德、教育惩戒和校规校纪等多个主题。整体上看，2021—2022年我国教育法学领域出版专著数量较多，内容丰富，一定程度上反映了当前学术领域对教育法学关注的热点和重点，对我国教育法学的理论提升和长足发展起到了重要的推动作用，对教育领域全面落实和推进依法治国也具有一定的实践引领作用。

如秦惠民撰写的《教育法治与大学治理》选编了其21世纪以来发表的与教育法治和大学治理相关的部分论文，这些论文既表现了作者对相关问题学习与思考的心路历程，又反映了我国教育法治和大学治理理论与实践的历史发展。该著作内容包括：新中国的教育立法始于《中华人民共和国学位条例》；教育法治建设和教育法律体系的完善正在推进良法善治的发展；法治方式是中国教育管理体制机制改革的发展趋向；大学被告上法庭是推进教育法治的划时代事件；大学章程建设的民主与法治实践反映着以法治思维和法治方式推进大学治理现代化的进程。

任海涛主编的《教育法学导论》一书吸收了教育法的最新研究成果，分为学科论、范畴论、主体论、权利保护和学校管理四编。第一编研究了教育法学科的理论定位、体系建构和历史发展；第二编包括了对教育法律关系、教育法律责任、教育法律救济、教育权、受教育权以及教育财税法等教育法范畴的研究；第三编围绕教育行政机关、学校、学生、教师和学生监护人等教育法律主体的法律地位展开研究；第四编针对教育惩戒、未成年人与犯罪预防法、高校校规以及司法介入高校学生管理行为等问题展开研究。该书的特色在于：第一，该书将教育法定位为法学二级学科，该教材更适合具有法学背景的高年级本科生和研究生学习教育法知识；第二，开辟了认识教育法学的新视角，在内容结构上按照部门法理学的逻辑结构展开，内容体系更具有法学的韵味；第三，编写团队主要以法学院的专家和研究队伍为主，具备扎实的法学研究基础和敏锐的法学热点洞察力。该书的第一个亮点是对教育法律主体的法律地位进行了全面、深入研究；第二是该书编写遵循"体系化"思维，学生通过学习该书可以全面掌握教育法的主要内容，建立一个体系化的整体思维框架，为后面教育法学相关专题的学习奠定基础；第三是该书结合相关案例更深入地探讨了教育法学的热点问题。

余雅风等主编的《教育法学研究》一书是国内教育法学领域第一部学术史专著。该书系"当代中国教育学术史"丛书中的一本，通过对不同教育法律主体（政府、学校、教师、学生）、不同教育法学问题（教育立法研究、教育权与受教育权研究、民办教育的法律规范研究、学校法律问题研究、教育法律救济等）的全方位、多角度学术史梳理，对国内教育法学研究领域近七十年（尤其是近四十年）的发展历程进行了全面、充分、客观的回顾与总结。在我国教育法治实践强力推动并得到迅速发展的当下，该书将视线转向学术本身，回归学术研究的基本方法，关注教育法学学术性的成熟与完善，既是对学术研究传统的继承和发扬，对教育法学研究的未来发展发挥着鉴往知来、固强补弱的重要作用，也为推动我国教育法治建设向纵深发展、推进新时代教育治理体系提供了科学化、法治化的操作指南。

马焕灵等编写了我国第一本《特殊教育政策与法规》。该书共十七章，在内容上以知识讲解为主，注重特殊政策与法规基础夯实。前五章为特殊教育法规的概论部分，涵盖特殊教育政策与法规的基本理论、特教学校与特教班级、特殊教育教师和特殊儿童以及特殊教育的行政管理等内容。后十二章分别从背景、意义、内容与要求等方面对近年来颁布的一系列特殊教育法规进行解读。为满足广大特殊教育专业师生的共同需求，该书秉持"育人为本，实践导向"的职业教育理念，在编写时突出了两大特点。一是主题明确，案例新颖，紧扣学科发展趋势，结合学科知识，学习目标明确，选用了最具前沿性、新颖性的社会热门事件作为讲授案例；二是体例新颖，实用性强，设置了"情境导入""思考与实训"等栏目，有助于学生掌握最新的学术动态，加深学生对知识的认知和理解。

在教育法治实务图书中，中国教育科学研究院和教育部政策法规司联合编写了《学校安全事故预防与处理指导手册》，中国教育科学研究院教育法治与教育标准研究所与重庆市九龙坡区教委联合编写了《区域中小学校规校纪建设的理论与实践》，中国教育科学研究院教育法治与教育标准研究所撰写了《中小学教育惩戒规则实施指南》。这几本图书针对当前依法治校当中的一些突出问题，根据近年来教育部出台的一些教育部部门规章，结合学校教育教学实际，为广大学校做了较为详细、规范的解读，为学校加强法治工作提供了良好的指引。

附：2021—2022 年教育法学专著（不完全统计）

序号	图书名称	作者	出版社	年份
1	《高等教育政策与法规》	薄存旭	山东大学出版社	2021
2	《法理与学理：大学学术不端行为问责研究》	陈亮	西南师范大学出版社	2021
3	《大学生思想政治教育与法治教育融合研究》	付婉莹	吉林大学出版社	2021
4	《大学生法治思维养成》	洪萍，颜三忠	光明日报出版社	2021
5	《法哲学思想视域下的依法治校实践》	李力	北京工业大学出版社	2021
6	《小学道德与法治课程与教学》	刘慧	西南师范大学出版社	2021
7	《道德与法治共融的德育课堂》	马建萍	江西教育出版社	2021
8	《学前教育实用政策法律》	马雷军	世界图书出版公司	2021
9	《学前教育政策与法规》	祁占勇	陕西师范大学出版总社	2021
10	《教育法治与大学治理》	秦惠民	人民出版社	2021
11	《法制教育与法律人才培养研究》	申敏	北京工业大学出版社	2021
12	《法治素养的培育》	孙献礼	上海教育出版社	2021
13	《在教育与法律之间》	覃红霞	厦门大学出版社	2021
14	《依法执教》	万华	北京师范大学出版社	2021
15	《高校法治教育实效性研究》	王红梅	中国社会科学出版社	2021
16	《课程论视域下大学生思想道德与法治教育研究》	王卉	武汉大学出版社	2021
17	《教师职业道德与教育法律法规》	王昭君	湖南大学出版社	2021

序号	图书名称	作者	出版社	年份
18	《学前教育政策与法规》	徐文松，王婧文，赵梅菊	北京理工大学出版社	2021
19	《教师职业道德与教育法规教程》	许映建，陈玉祥	南京大学出版社	2021
20	《教育法学研究 / 当代中国教育学术史》	余雅风，姜国平，罗爽等	福建教育出版社	2021
21	《学前教育政策法规与职业道德》	张利洪	西南大学出版社	2022
22	《教师职业道德与教育政策法规》	安洪涛，傅金兰	科学出版社	2022
23	《小学道德与法治课程教学研究》	曹爱芹	吉林出版集团股份有限公司	2022
24	《教育法律法规概论》	段冰，王曦，高路	南京大学出版社	2022
25	《学前教育政策与法规》	高恩胜，肖芙蓉	华中科技大学出版社	2022
26	《思想道德与法治》	何彬生	人民出版社	2022
27	《幼儿园教师应知的政策与法规：案例式解读》	洪秀敏	北京师范大学出版社	2022
28	《教师职业道德与教育政策法规》	侯耀先	中南大学出版社	2022
29	《小学道德与法治教学论》	黄灏，沈继红，王桔	上海交通大学出版社	2022
30	《法治教育进校园》	黄莹	武汉大学出版社	2022
31	《教师职业道德与教育法律法规》	雷明，王妍，杨丹凤	清华大学出版社	2022
32	《高等职业教育法规概论》	李敏，李兴荣	西南财经大学出版社	2021
33	《高等职业教育政策法规汇编》第2版	李敏，李兴荣	西南财经大学出版社	2022
34	《校长如何践行依法治校》	刘晓英	北京师范大学出版社	2022
35	《特殊教育政策与法规》	马焕灵	东北师范大学出版社	2022
36	《公立高校财政自主权研究》	冉富强等	中国政法大学出版社	2022
37	《教育法学导论》	任海涛等	法律出版社	2022
38	《法律基础与教育研究》	王健，王恒亮，郭凤丽著	线装书局	2022

序号	图书名称	作者	出版社	年份
39	《民办高校的政府干预问题研究》	吴安新	研究出版社	2022
40	《大学生法治教育》	徐楠	西安电子科技大学出版社	2022
41	《大学生法制教育》	杨志武，卢芳华	中国矿业大学出版社	2022
42	《学前教育政策与法规》	张丽	中国科学技术出版社	2022
43	《大学学术治理制度创新研究》	钟名扬	湖北教育出版社	2022
44	《我国现行教育法律条文解读》	孙霄兵，马雷军	外语教学与研究出版社	2022
45	《学前教育政策与法规》第2版	周小虎	中国人民大学出版社	2022
46	《教育惩戒法治研究》	任海涛等	外语教学与研究出版社	2022
47	《中小学教育惩戒规则实施指南》	中国教育科学研究院教育法治与教育标准研究所	教育科学出版社	2022
48	《学校安全事故预防与处理指导手册》	教育部政策法规司，中国教育科学研究院	教育科学出版社	2022
49	《区域中小学校规校纪建设的理论与实践》	重庆市九龙坡区教委、中国教育科学研究院教育法治与教育标准研究所	教育科学出版社	2022

后 记

　　《中国教育法治发展报告 2021—2022》是中国教育科学研究院基本科研业务费专项资金所级部门项目"教育法典总则篇立法研究"（课题批准号：GYJ2024017）的研究成果。

　　截至 2024 年，中国教育科学研究院教育法治与教育标准研究所已经成立八年了。在过去的八年中，在教育部政策法规司、中国教育科学研究院相关领导的指导下，在全国教育法学同行的支持和帮助下，研究所在教育法治理论研究、教育法治决策服务和教育法治实践指导等方面都取得了一定的进展。例如参与《中华人民共和国学前教育法》《中小学教育惩戒规则（试行）》等一些法律规章的起草工作、在《教育研究》等期刊发表了《坚持依法治教——习近平总书记关于教育的重要论述学习研究之十一》等教育法学论文；出版了《A Comparative Analysis of Systems of Education Law》《教育法典基本理论问题研究》等学术专著，在全国一些地方的学校深入开展了校规校纪建设、未成年人学校保护、全面的学校安全等实践项目指导工作。

　　其中，撰写"中国教育法治发展年度报告"是我所设立以后的核心工作之一。"中国教育法治发展年度报告"逐年对我国教育法治在工作实践和理论创新方面的进展加以论述，为我国教育法治的发展起到助推作用。自推出以来，该系列报告受到了包括教育法学领域在内的各领域的高度关注。《中国教育法治发展报告 2021—2022》是该年度系列报告的第五本。2021 年，全国人大常委会将研究启动教育法典编纂工作列入年度立法工作计划，所以本书特别针对教育法典的相关问题，邀请全国教育法学领域知名专家撰写了相关稿件。

　　教育部政策法规司与中国教育科学研究院主要领导对于本书的编写给予了全程的指导，教育法治与教育标准研究所王蕊所长对相关工作给予了大力支持，研究所全体研究人员参与了本书的撰稿。需要特别提出并感谢的是，本书第四章专门邀请到了全国教育法学领域的知名专家赐稿。以下是本书具体撰稿执笔人（排名以执笔章节顺序为序）：第一章由胡印富、周文娟、鲁幽、姚真撰写；第二章由姚真、黄亚宇（湖南机电职业技术学院）、周文娟、马焕灵（广西师范大学）、鲁幽、胡印富、李竹（华北电力大学）撰写；第三章由王许人撰写；第四章由龚向和（东南大学）、彭宇文（武汉大学）、李红勃（中国政法大学）、管华（广西大学）、马雷军撰写；第五章由刘晓楠、郭潇莹、马毅飞撰写。全书由马雷军进行最后的修订。

感谢外语教学与研究出版社各位领导和同志们为本书付出的劳动和心血。同时对给予本书关怀和帮助的所有其他同志、朋友都在此表示诚挚的谢意！

"中国教育法治发展年度报告"作为一项出版成果，是在我国教育法治建设蓬勃发展的大背景下诞生的。本书不仅具有学术研究的意义，更多的是通过对当前教育法治成果和研究前沿的总结与展望，来达到引领教育法治实践的作用。希望本书的出版能够为中国教育法治建设提供思路、借鉴，进一步发挥中国教育科学研究院作为教育研究领域权威智库的作用。

恳请各位专家学者以及从事教育法治相关工作的同志们对于本书的不足之处不吝赐教，以期今后的年度报告能够更加完善。我们也希望今后能与更多的教育法学研究机构和研究人员合作，共同通过教育法治理论与实践的研究，促进中国教育法治更好发展。

马雷军

2024 年 10 月